图书在版编目（CIP）数据

百年灿烂光河下的浮世绘三杰 / 任李杨著. -- 石家庄：河北美术出版社，2024. 12. -- ISBN 978-7-5718-3281-0

Ⅰ．K833.135.72

中国国家版本馆 CIP 数据核字第 2025Z8A630 号

百年灿烂光河下的浮世绘三杰
BAINIAN CANLAN GUANGHEXIA DE FUSHIHUI SANJIE

出 品 人：田　忠
策　　划：田　忠　张　静
责任编辑：杨　硕
助理编辑：李非非
特约编辑：杜若婷　杨朝辉
责任校对：李菁华
装帧设计：杨紫藤
出　　版：河北出版传媒集团　河北美术出版社
发　　行：河北美术出版社
地　　址：河北省石家庄市和平西路新文里 8 号
网　　址：www.hebms.com
制　　版：河北万卷印刷有限公司
印　　刷：河北万卷印刷有限公司
开　　本：710mm×1000mm　1/16
印　　张：14
字　　数：220 千字
版　　次：2024 年 12 月第 1 版
印　　次：2024 年 12 月第 1 次印刷

定　　价：98.00 元

质量服务承诺：如发现缺页、倒装等质量问题，可直接向本社调换。

前言

　　19 世纪中叶的某一天，当欧洲的商人打开从地球另一边运送过来的日本瓷器的包装时，他们的目光没有驻留在自己赖以致富的货物上，反倒是被这些瓷器的包装纸给牢牢吸引住了，在这些"废纸"上，有姿容清秀的美人，有风光旖旎的山水，有遥远东方国度的浮生百态……

　　一些对绘画感兴趣的欧洲商人开始大量收购这些"废纸"，更有甚者，专门为此采购日本货物以获取更多的"包装纸"，使"买椟还珠"的故事映入现实。这些"废纸"先是在商人圈子里快速流传，而后更是惊艳了艺术圈。"废纸"上的每一道细腻且简练的线条都让欧洲的艺术家们为之痴迷，而那与欧洲传统绘画艺术迥然不同的画风更是为画家们的创作打开了一扇"天窗"，甚至在很大程度上影响了印象主义的产生和发展，而这种呈现在"废纸"上的艺术形式，就是"浮世绘"。

　　浮世绘艺术在欧洲掀起了名为"日本主义"的风潮，人们竞相追逐这一东方的审美形式，特别是在艺术圈，有钱的艺术家和没钱的艺术家都为之疯狂。"印象主义之父"莫奈将自己的一处花园完全装饰成日本风格，而印象派中最为杰出的画家之一——梵高，更是在连温饱都成问题的情况下，不惜花费重金购买大量的浮世绘作品，并加以临摹。随着时代的发展，浮世绘逐渐走向世界。今天，它已经成为日本文化的重要代名词之一。

　　既然浮世绘如此受人青睐，那它为什么被用作"包装纸"呢？它又究竟有怎样的魅力，能让各路艺术大师们为之倾倒，能在最低谷时完成触底反弹，从"废纸"摇身一变，成为世界艺术的瑰宝？

　　今天，就让我们追随浮世绘艺术史上最为杰出的三位画家——喜多川歌麿、葛饰北斋和歌川广重的笔触，一起去探寻浮世绘的奥秘，品味这些"废纸"上的激滟时光。

目录

喜多川歌麿
绘就最深的红尘

/ AI浮世绘巨匠

/ 对话美学专家

/ 绘就浮世新篇

/ 解析大师特征

葛饰北斋
迈向浮世之巅

歌川广重
把『大浪』拍在沙滩上的『后浪』

喜多川歌麿

绘就最深的红尘

江户时代
与
浮世绘

"小破城"的逆袭

　　江户，本是一个不起眼的小城，即便是在群雄争霸、见城就抢的日本战国时代，也鲜有军队选择在这里比划两下子。丰臣秀吉统一日本后，将江户赐封给了当时数一数二的德川家康，江户也随之踏上了城市发展的"开挂之路"。

　　德川家康出身虽好但命不好，正经"战国人上人"出身的他，在一生的大部分时间里，不是给这个当人质，就是给那个当小弟。不过，德川家康有一个优点，那就是"能熬"，他几乎熬走了所有同时代的竞争对手，包括他的"上司"丰臣秀吉。

　　公元 1600 年 10 月 21 日 的清晨，日本关原地区大雾弥漫，紧张的呼吸充斥在群山与盆地之间，十多万人在此布阵，准备大打出手，交战的双方则是德川家康率领的"东军"以及以石田三成为首的"西军"。上午 8 时左右，关原的浓雾渐渐散去，一串震人心魄的枪声打破了恐怖的沉寂，这场决定着日本历史走向的战役——关原合战，就此打响。

‖ 葛饰北斋 江户日本桥 1830 ‖

激战从清晨持续到下午，在野战高手德川家康的调度下，战争在一天之内就分出了胜负。随着西军的溃败，整个日本再也没有能和家康掰手腕的人了，持续了一百余年的日本战国乱世终于迎来了终结时刻。

关原合战结束两年后的 1603 年，家康在江户开设幕府，老百姓们可算告别了打打杀杀的日子，也正是从这一年开始，江户开始成为日本实际上的政治经济中心，并一直持续到现在。今天，它有一个更加广为人知的名字——"东京"。

入主江户后，德川幕府开始对江户城进行大规模改造，因为江户在城市形象上就要比古都京都和上一个政治中心大阪逊色不少，这让幕府在面子上实在挂不住。在提升城市形象的同时，幕府统治者还非常贴心地把各地大名的家属（也就是俗称的人质）请到江户，大名要是想念爹妈和老婆孩子，也可以来江户同住，幕府为他们提供大量豪华宅邸，保证让他们过得舒舒服服。

日本的大名有一些类似于我国古代的诸侯，其消费能力可想而知，江户这座"小破城"的老百姓估计做梦也想不到这泼天的富贵能降临到自己头上，这么多财主来到江户，江户人致富的好机会来了。就这样，在一批人想花钱、一批人想挣钱的推动下，江户的各行各业迎来了繁荣的发展，人口也随之急剧增长，直到成为全日本首屈一指的大城市。

属于平民的文化

以江户为中心，德川幕府统治日本长达二百六十余年，史称"江户时代"，也正是江户时代，见证了浮世绘艺术的萌芽、兴盛与衰落。

天下太平了，百姓的好日子也来了。在解决了温饱问题后，江户老百姓们开始追求精神生活了，随着经济的发展，江户的文化也逐渐繁荣起来，但是江户的文化和日本传统意义上的"文化"可有点儿不太一样。从狭义的角度来理解文化的话，在日本江户时代之前，"文化"就像是贵族的私有物一样，与老百姓没什么关系，平民也很难接触到文化。毕竟，老百姓连姓氏都没有，还要什么文化。因此，像京都、奈良、大阪这样的老牌都城，自然就因为它们悠久的历史和其间数量庞大的贵族"文化人"而成为日本的文化中心，引领着日本文化的走向。

现在，时代变了，江户加入了日本"一线城市"的行列，甚至成了全日本城市中的首位。江户不像京都那般有着悠久的历史和浓厚的文艺气息，但没历史不代表没文化，文化是人创造出来的，江户经济的发展和人口的增加也带动了文化的繁荣。与京都文化的阳春白雪不同，江户的文化更加下里巴人，是一种更加贴近老百姓生活的"平民文化"。而生于江户平民文化的土壤之中，又承载着百年江户平民文化的艺术形式，正是"浮世绘"。

‖ 左图为京都的街景　右图为东京的地铁 ‖

直到今天，以京都为首的日本关西地区的城市仍旧"鄙视"着东京，京都人认为东京人不但"绑架"了他们的天皇，而且整日只知道浑浑噩噩地工作，生活毫无情调。

浮世绘——江户的百科全书

　　浮世绘就像一本江户百科全书，记录着江户时代的方方面面。自菱川师宣开创浮世绘画法，在两百余年的历史中，浮世绘发展出了丰富的类型。从绘画手法上来看，浮世绘分为肉笔画和木刻版画：肉笔画就是手绘作品；木刻版画就是把画雕刻在木板之上，然后进行上色印刷。由于浮世绘脱胎于平民文化，江户老百姓都想看，光靠画师的一双手可忙不过来。因此，为了满足大量的市场需求，木刻版画逐渐成为浮世绘的主流。

　　从绘画题材上来看，浮世绘分为人物画、风景画、花鸟画及其他。这里的"其他"包括但不限于漫画、祈福避灾的画以及春画。

✳ 人物画

❶ 美人绘

　　浮世绘的人物画主要包括美人绘、役者绘和武者绘等。美人绘就是画美女的，浮世绘的祖师爷菱川师宣就以美人绘最为拿手。后来的铃木春信、鸟居清长、喜多川歌麿和溪斋英泉等许多浮世绘画家都是美人画的高手。

‖ 菱川师宣　见返美人图 1688—1694 ‖

‖ 铃木春信　绘历·夕立 .1765 ‖

❷ 役者绘

　　江户初期，日本发展形成了一种独特的舞台艺术形式——歌舞伎，并深受百姓喜爱，歌舞伎演员被称为"役者"，那些著名的役者就像现在的明星一般，在坊间拥有众多的支持者。歌舞伎表演需要绘制海报，这是商业需要；歌舞伎演员本身也需要有海报，这是支持者需要。因此，浮世绘人物画中的另一大类——役者绘，就这样诞生了。

这是正经的役者绘

‖ 鸟居清倍
市川团十郎之拔竹五郎
1697 ‖

‖ 歌川国贞
松本幸四郎饰演恶七兵卫景清
1828 ‖

这是"不正经"的役者绘

‖ 东洲斋写乐
第三代大谷鬼次之奴江户兵卫
1794 ‖

‖ 东洲斋写乐
市川虾藏饰演竹村定之进
1794 ‖

东洲斋写乐是浮世绘界的一朵奇葩，他不但生卒年月是个谜，而且可考证的艺术生涯居然"长达十个月"！他突然出现，又突然消失，他的画风和他的人一样奇葩，作为役者绘的杰出代表，"脸丑头大，表情夸张，豆豆眼"是他笔下人物的标志性特征，虽然他的艺术表达形式在今天享有盛誉，但是在当年，这种"丑化歌舞伎演员"的行为让他在江户挨了不少骂。

❸武者绘

武者绘顾名思义就是以历史故事和神话传说中的英雄人物为创作对象的浮世绘作品。在江户时期，这一题材的浮世绘广受百姓的喜爱。

‖ 歌川国芳
通俗《水浒传》豪杰百八人之一个 活阎罗阮小七 1827 ‖

‖ 歌川国芳
通俗《水浒传》豪杰百八人之一个 入云龙公孙胜 1827—1830 ‖

❋风景画

风景画是江户时代后期逐渐崛起的一种浮世绘类型。在浮世绘三杰中，有两位是以风景画见长的。

‖ 葛饰北斋 青山圆座松 1831 ‖　　　　　　‖ 歌川广重 舞坂：今切真景 1833—1834 ‖

　　浮世绘风景画受中国山水画的影响颇深，这一点不仅体现在创作技法上，还体现在创作题材上，"八景"就是典型的代表。"八景"原本指的是湖南地区的八处胜景，历来为中国文人墨客所钟爱，由于这些景致均位于湖南境内，因此后人将它们总结为"潇湘八景"。"八景"在日本的名气非常大，浮世绘名家多仿照这个题材创作具有日本特色的"八景"作品，比如：《座敷八景》《近江八景》《江户八景》《金泽八景》。

✳ 花鸟画

　　浮世绘中的花鸟画包括各种以花鸟鱼虫兽为主题的作品，花鸟画一般重视写实，且意趣盎然，经常以文学作品插图的形式出现。

‖ 葛饰北斋 芙蓉与麻雀 1833—1834 ‖

　　这幅《芙蓉与麻雀》最惊艳的部分当属细致刻画的花朵与抽象化处理的叶子之间形成的反差美了，葛饰北斋在还原花鸟"骨架"的同时，也极其注重对于作品的艺术设计。

江户美女最多的
地方
是哪儿？

"吉原"

喜多川歌麿是江户首屈一指的美人绘大师，那他的"模特儿"们都是从哪儿来的呢？一定不是在街头巷尾随便找的，这就不得不提一个地方了，它孕育了江户的平民文化，是江户重要的"城市名片"，同时，它还是江户城美女最多的地方，这个地方就是吉原。

吉原，江户第一风月场所，也是世界历史上最著名的"红灯区"之一，在当时，吉原与大阪新町和京都岛原并称为日本三大游郭（类似于青楼集中地），但吉原是其中唯一得到幕府许可的游郭，我想这大概是因为幕府自己就在江户。

这福气本轮不到江户头上，但自从德川幕府在此建立之后，各地大名和武士，或自愿或被迫地纷纷向江户汇集，他们在带来家眷和贵族文化的同时，也把全新的享乐形式带了过来，手把手地教江户人怎么吃喝玩乐，而在当时，吃喝玩乐的集大成者就是游郭。于是，江户城的各处开始出现了大大小小的游郭，幕府为了方便管理，便将这些游郭集中于一处。吉原，这个"寻欢作乐的胜地"就这样诞生了。

吉原中的女子被称为游女，类似于我国古代的青楼女子，她们一般出身贫苦，家里要么吃不上饭，要么欠着一屁股债，于是就把她们卖来吉原。在游女二十八岁之前，除非运气很好，否则无法离开吉原。游女们在吉原要学习的东西有很多，既包括舞蹈化妆，也包括琴棋书画，还包括待客之道。她们是江户人眼中理想女性的化身，是吉原最引人注目的名片。

‖ 葛饰应为　三曲合奏图　1844—1848 ‖

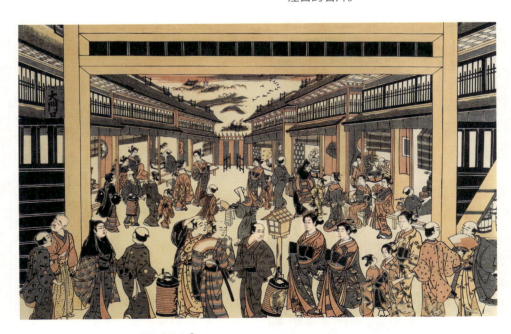

‖ 鸟居清满　新吉原之图　18世纪后半叶 ‖

吉原不仅是一个游乐场所，还是一个社交场所。吉原在建立之初，是只被允许在白天营业的，但正经和不正经之间只隔着一个太阳，吉原在正经营业了一段时间后，自然而然地就开夜场了。吉原属于夜晚，而江户的夜晚也属于吉原。达官贵族在吉原纵情享乐，贵族与豪绅在这里醉生梦死，夜夜笙歌成了吉原的日常。但这种欢愉却在一瞬间化为乌有。

1657 年，吉原在物理意义上"火了"，换句话说就是烧没了。

这一年的 3 月 2 日，一场由寺庙法事引发的大火席卷江户，火势足足持续了两天两夜，把三分之二座江户城给烧了个精光，这就是位列世界三大火灾之一的"明历大火"。在这场大火中，大名们的家都没保住，更别说吉原了。大火过后，江户城开始了大规模的重建工作，作为江户人的精神支柱，全新的吉原在江户郊外的浅草附近被重新建成，新吉原不但面积比原来大了许多，内部的景观建设与规划也是老吉原所无法比拟的。

新吉原是一座名副其实的"孤岛"，被深深的壕沟围在中间，恍若世外桃源一般。一条大路纵贯整个吉原游郭，路边种满了樱花树。华灯初上之时，樱花攒动于光影之间，格外动人，吉原也在这一时刻将自己最真实的一面纵情展现在黑夜之中。

光顾吉原的客人，既有身份显赫的武士，也有腰缠万贯的富商，还有风流倜傥的才子。在这里，等级森严的社会结构彻底解体。武士不再是高高在上的贵族，没钱照样不受待见；商人也不再备受鄙视，他们可以与最美的艺伎把酒言欢。如果说江户是人间烟火，那么吉原就是浮世幻梦，是世间红尘的最深处。

但是，这梦得拿钱买！

吉原很好玩儿，但前提是你要能去得起，对于江户大部分的老百姓来说，他们确实去得起吉原，但是，是白天的吉原，晚上吉原的消费水平可不是一般老百姓能消受得了的。但老百姓想看美人，想了解吉原的浮华，想"云逛吉原"，那该怎么办啊？这就到了我们前面提到的吉原顾客中的一类人——风流倜傥的才子，发挥作用的时候了。

江户时代，商人们虽然没有地位，但不妨碍他们有钱有脑子，老百姓们有什么需求，商人们就能提供什么服务。出版商们和才子们达成了"战略合作"，才子们流连于吉原的繁华，并将吉原那梦幻般的光景与美丽的艺伎画在纸上，出版商再将其批量出版，让老百姓们得以一饱眼福，浮世绘最原始的作品类型之一——美人绘，就这样诞生了。

而浮世绘三杰中最早的一位，美人绘大师中的大师——喜多川歌麿，就是这样一位风流倜傥的才子。

当千里马
遇见
一群伯乐

喜多川歌麿原姓北川，出身于江户的一个普通农家，以歌麿的出身，是不用担心自己的未来的，因为他几乎就没有未来。正常来说，在等级森严的江户时代，一个出身农家的普通人，若想有一番作为是非常困难的，除非这个人是个天才，还得有机会大展拳脚。而歌麿，恰好就是这样的一个天才。他从小就展现出对于绘画极大的兴趣以及非凡的天赋，绝对算得上是绘画领域的一匹"千里马"。

在江户，如果没有伯乐的话，别说是千里马了，就算是霸王龙来了都得给幕府老老实实"拉磨"去。不过，我们倒不用替歌麿操心，因为对于他来说，伯乐有的是！歌麿虽然出身低微，但遇见的贵人可不少，其中最重要的两个，就是他的老师鸟山石燕和大出版商茑屋重三郎。

爱画妖怪的老师

说到歌麿的老师鸟山石燕，就不得不提日本最重要的画派之一——狩野派。与日本其他的画派不同，狩野派可谓是绘画界的"正规军"，因为这一画派是专门为幕府服务的，狩野派是宗族画派，奢华的金色与具有日本特色的水墨风是狩野派作品最突出的特征。

鸟山石燕承袭了狩野派的画风，并另辟蹊径，将"妖怪"作为自己绘画的主要对象，成了日本首屈一指的"妖怪画师"。他倾尽一生完成的《百鬼夜行图》堪称"日本妖怪百科全书"，我们今天熟知的日本妖怪，绝大部分出自这部作品。

在浮世绘领域，鸟山石燕是"一代宗师的老师"，他不仅在妖怪画领域独占鳌头，而且还是一位优秀教师。鸟山石燕有多优秀呢？在他的学生中，有两个人最为出名：一位是浮世绘最大门派——歌川派的创始人歌川丰春；另一位，则是浮世绘三杰之一的喜多川歌麿。

在歌麿十几岁的时候，鸟山石燕就发现了歌麿异于常人的绘画天赋，并将他收入门下。没错，一句话的工夫，歌麿就加入了江户绘画名门。鸟山石燕这位优秀教师不但能够系统传授歌麿专业的绘画知识，还为歌麿提供了大量的资源，而歌麿也在鸟山石燕的门下，迈出了通往浮世绘画师的第一步。

浮世绘顶级星探

这幅画画的正是大出版商茑屋重三郎所经营书屋中的忙碌场景。

‖ 葛饰北斋 绘本东都游·绘草纸店 1802 ‖

俗话说，"师傅领进门，修行在个人"，但成名有时却得靠别人。在歌麿的众多伯乐中，还有一位重量级人物，他对于歌麿的影响不亚于鸟山石燕，他的名字叫作茑屋重三郎，是江户著名的出版商人，也是浮世绘圈一顶一的"星探"和"投资商"。

江户时期，商业活动非常活跃，商人们成了推动社会经济与文化发展的主要力量，浮世绘领域同样如此。浮世绘画师也得靠卖画挣钱，这个过程中，出版商就显得至关重要了。出版商不但需要联系画师、雕刻师及负责为作品上色的折师，还需要挖掘有潜力的浮世绘新人。只有这样，他们才能不断保持自身的竞争力，就像现在的艺人公司一样。

在江户时期的出版商中，最著名的当属茑屋重三郎了，他最厉害的地方就是眼光非常毒辣，无论是在产品生产领域还是新人挖掘方面，他都可谓独领风骚。我们前面提到过的浮世绘奇葩鬼才、谜一般的画师东洲斋写乐，就是出自茑屋重三郎麾下。此外，茑屋重三郎还曾与浮世绘三杰之一的葛饰北斋合作出版了许多著名的浮世绘作品。因此，茑屋重三郎虽非画师，却是浮世绘艺术领域不可或缺的人物。当然，在茑屋重三郎挖掘过的新人中，最重要的还是喜多川歌麿。

茑屋重三郎不仅独具慧眼，发现了歌麿这匹"千里马"，还为歌麿规划好了未来的发展方向——美人绘，并尽一切可能为歌麿的创作提供支持，这才有了后来的"美人绘大师"——喜多川歌麿。

不得不说，歌麿不但绘画水平高，而且运气是真的好。当然，再厉害的千里马，也得先长大才行，浮世绘大师也得从学徒做起。

照猫画虎
的
学徒生涯

　　美人绘是浮世绘艺术中竞争最激烈的领域，前有浮世绘祖师爷菱川师宣，后有美人绘大师铃木春信，能在美人绘领域闯出名堂，其难度不亚于进入中国乒乓球国家队。歌麿能够从美人绘领域中脱颖而出，成为美人绘画师中的佼佼者，不光源于他那傲人的绘画天赋，还与他长年的学习、积累与沉淀密切相关。

　　在鸟山石燕门下，歌麿潜心学习了二十年。虽然鸟山石燕自己画的东西在当时有那么一点儿"歪门邪道"，但他教给歌麿的可都是正儿八经的绘画技法，而且鸟山石燕还允许歌麿在自己的作品集中发表作品，让歌麿刚一出海就换乘了航空母舰。有这样一位好的老师和这么好的平台，歌麿的艺术生涯简直可以说是"天和开局"。

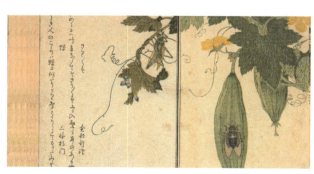

喜多川歌麿画本虫撰·丝瓜、蝉　1788 ‖

‖ 喜多川歌麿　子贡嬉游仁和贺·万度　18世纪后半叶 ‖

‖ 喜多川歌麿 佐藤四郎兵卫忠信 约 1776—1780 ‖

这幅喜多川歌麿早期的作品《子贡嬉游仁和贺·万度》无论从构图、线条还是人物形象上，都与歌麿后来的美人绘相去甚远。在这幅画中，歌麿对于线条的勾勒显然还稍欠火候，有一种生硬之感。

在学徒时期，歌麿尝试过各种浮世绘主题，一方面，是为了打好绘画基础，不至于太过"偏科"；另一方面，这也是歌麿探寻属于自己的浮世绘领域的过程。

画中的主角是日本传奇英雄源义经的帐下大将佐藤忠信，在与逃亡的源义经走散后，佐藤忠信独自潜回京都，却被敌人发现，在一番激战后自刃身亡。这幅画是歌麿模仿胜川春章的画法所创作出的武者绘，这幅画中歌麿对于线条的把握较之以前已经有了很大的进步。

在学徒时期，喜多川歌麿的作品大多是以插画的形式发表的，种类繁多。既有役者绘，也有武者绘，还有花鸟画，但有意思的是，其中却鲜有美人绘，可能因为这时候的歌麿年龄不大，阅历尚浅，感受不到美人的魅力。

这一时期，歌麿还画了许多黄表纸作品，事实上就是为小说画插图，这些小说一般内容较为低俗，以坊间流传的风流韵事为主。

有良好的天赋做底子，歌麿的绘画水平飞速提升，只不过，在这一时期，歌麿的合作伙伴大多是一些名不见经传的小出版商，因此保留下来的作品并不多。

后来，一件事情的发生和一个人的出现，彻底改变了歌麿的人生。

"快乐"夺回大作战：狂歌画师歌麿

滑稽的诗与有趣的画

坏消息：江户人把快乐丢啦！

好消息：歌麿又帮他们把快乐找了回来。

18 世纪末，在幕府的"苦心经营"下，日本终于形成了"朱门酒肉臭，路有冻死骨"的局面。日本各地起义不断，幕府和没饭吃的老百姓们在物理意义上"打成了一片"。

新上任的幕府统治者同样看不惯贵族们的声色犬马。因此，为了维护社会安定，纠正奢靡风气，幕府开启了一场声势浩大的改革，史称"宽政改革"。这场改革的出发点是好的，但第一步就走歪了，幕府认为是商业活动导致人们骄奢淫逸，心浮气躁，所以幕府决定拿商人开刀。宽政改革的效果确实很明显，在幕府的推动下，社会确实是安定了，甚至都快"安息了"……

宽政改革一共持续了六年。在这段时间里，各行各业简直是风声鹤唳，草木皆兵，整个社会变得毫无活力，就连出版行业也遭受了巨大的打击，曾经流行的黄表纸几乎消失得无影无踪，浮世绘的内容也受到了严格的限制，敢于顶风作案的出版商动辄就会被幕府收拾得倾家荡产。以茑屋重三郎为例，作为江户最替买家需求着想的出版商，他卖的黄表纸和春画的数量十分可观。因此，在这场改革中，倒霉的他成了幕府杀鸡给猴看里的"鸡"，被没收了一半的财产。

出版商们赚不到钱，而老百姓们更惨，这回别说是"吃猪肉"了，甚至"连猪跑都看不见了"，"快乐"在江户销声匿迹了。

宽政改革最终不出意外地失败了，整个江户百废待兴，但幕府对于出版界的禁令却迟迟没有废除。不过，在找乐子方面，江户人从不让人失望，在这期间，一种全新的艺术体裁逐渐在江户流行开来，它的名字叫作——狂歌。

狂歌简单来说就是一种日本特色短诗，它的语言简练幽默，立意独特清奇，内容则一般取材于百姓的日常生活，有点儿类似于今天的"打油诗"。宽政改革结束后，狂歌这种文学形式很快便受到了人们的青睐，原因也很简单，它能带给当时人们最渴求的东西——快乐。以茑屋重三郎为首的狂歌爱好者们更是开发出了全新的娱乐方式，那就是将狂歌与图画相结合，有文字有配图，可谓是快乐加倍，而这也为浮世绘的发展开辟了全新的道路。出版商应客户的要求将配有浮世绘的狂歌作品装订成册。就这样，兼具狂歌与浮世绘的艺术形式——狂歌绘本，诞生了。而歌麿，则正好搭上了狂歌绘本的"顺风车"，而且还是司机亲手把他拽上去的。

‖ 喜多川歌麿 画本虫撰·蓑虫、兜虫 1788 ‖

歌麿的"昆虫记"

这个"司机"就是前面提到的浮世绘顶级星探——茑屋重三郎。

歌麿与茑屋重三郎是在1781年左右相识的，也就是歌麿刚改名叫"喜多川歌麿"后不久，两人一见如故，很快就成了要好的朋友，好到什么程度呢？他俩直接吃住在一起了。

当然，吃住在一起更多是为了创作方便。

茑屋重三郎自己就是一个"狂歌痴迷者"，没事的时候还会自己创作狂歌，虽然水平不高，但重在参与。现在正逢狂歌绘本"大行其道"，在茑屋重三郎的影响下，歌麿开始为狂歌绘本绘制插图。这一画不要紧，沉淀了二十年的歌麿一出手，直接震惊了整个江户，他的大名很快在出版圈和坊间传播开来。歌麿于1788年出版了一部堪称狂歌绘本巅峰之作的作品，成功跻身一流浮世绘画师的队伍，而这部作品的主题却并非歌麿最为人所称道的美人，而是——虫子。

‖ 喜多川歌麿　画本虫撰·蚂蚱　1788 ‖

‖ 喜多川歌麿　画本虫撰·蝶、蜻蜓　1788 ‖

《画本虫撰》之所以被称作狂歌绘本的巅峰之作，是因为歌麿在这本书中展现出了自己非凡且细腻的画工，他的画笔就像照相机一般，捕捉到了花草虫兽的每一处细节，无论是蚂蚱腿上的倒刺，还是蝴蝶翅膀上的纹理，都被刻画得细致入微。而且，歌麿绘虫，做到了形神兼备，他笔下小虫灵动非常，栩栩如生，仿佛下一秒就会从画纸上飞出来。

‖ 喜多川歌麿 画本虫撰·虻、芋虫 1788 ‖

‖ 喜多川歌麿 画本虫撰·红蜻蜓 1788 ‖

为了支持《画本虫撰》，歌麿的老师鸟山石燕还亲自为这本书做了后记。在后记中，鸟山石燕称赞歌麿绘画不仅靠手，更是用心。据鸟山石燕所说，歌麿从小就对自然万物有着非凡的热情与观察力，他时常捧着小虫仔细端详，有时看得出神，竟丝毫感觉不到周围人的存在。由此可以看出，歌麿的成功绝非偶然，而是天赋、热爱与积累共同作用的结果。

‖ 喜多川歌麿 画本虫撰·蚜 1788 ‖

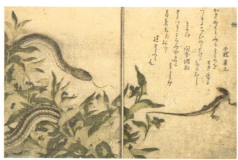

‖ 喜多川歌麿 画本虫撰·蛇、蜥蜴 1788 ‖

在《画本虫撰》之前，从没有一位浮世绘画师将昆虫作为自己画集的主角，毕竟和一个个美人与歌舞伎演员相比，昆虫实在是没有市场。浮世绘花鸟画中的主角们，都是江户老百姓生活中的常见之物，而深居吉原的美人与花钱才能看到的歌舞伎演员对于江户百姓来说才是稀罕的事物。市场大，画师多，绘画技法成熟，这就是美人绘与役者绘长期霸占浮世绘画坛的主要原因。

歌麿艺高人胆大，以昆虫、植物为主角绘制狂歌绘本，不但让人们眼前一亮，还在真正意义上开辟了浮世绘花鸟画的新天地，使"浮世绘"这一名称更加名副其实，使得两百多年以后我们不仅能看到江户的"人"，还能看到江户的"虫"。

‖ 喜多川歌麿 画本虫撰·蜂、毛虫 1788 ‖

‖ 喜多川歌麿 画本虫撰·蚱蜢、螳螂 1788 ‖

物哀——日本传统美学的重要特征，物哀不是哀伤，而是细腻的感受，是一种人与世界万物的情感沟通，也即"万物有感"。《画本虫撰》中歌麿对于一草一木一虫那细腻灵动的刻画，就是这种物哀美的极致体现，是一种日本审美理念的集中表达。因此，它的成功之中包含着一种文化内核的必然性。

除了"地上爬的"，在这一时期，歌麿还画了许多"天上飞的"，这就是《百千鸟》系列。

‖ 喜多川歌麿 百千鸟·鹈、鹭 1790 ‖

‖ 喜多川歌麿 百千鸟·鸭、翡翠 1790 ‖

在《百千鸟》系列中，歌麿总是安排不同的鸟类"成对出场"，为写实的画面增添了许多趣味性。与《画本虫撰》一样，《百千鸟》同样是一部狂歌绘本，每一幅画都配有一到两首打油诗，妙趣横生。就这样，在以歌麿为代表的狂歌画师们的努力下，"快乐"再次降临江户。

　　虽然《画本虫撰》和《百千鸟》是歌麿这一时期的代表作，但是这一时期歌麿在创作上却没有局限于特定的浮世绘类型，他还尝试过风景画，在美人绘上也逐渐展露出自身画法上的特点。

‖ 喜多川歌麿　潮汐的礼物　1789 ‖

　　歌麿在其艺术生涯中很少涉足风景画，也正因如此，这幅视野开阔的《潮汐的礼物》更显得弥足珍贵。

镜头怼脸
也能很美：
歌麿和他的大首绘

浮世绘"掌舵人"的战略眼光

‖ 喜多川歌麿 伞下的两个妓女 1790 ‖

经过多年的修炼，歌麿笔下的美人终于展现出了"别样的美"，但如果仅仅是这样的话，歌麿也不会在众多美人画大师中脱颖而出，独自屹立于顶峰。而真正让歌麿变得独一无二的，是他为浮世绘美人绘"开疆拓土"，开辟了全新的美人绘风格——大首绘。

狂歌绘本的"大行其道"与《画本虫撰》的大获成功不但证明了歌麿强大的绘画功力，还证明了茑屋重三郎具有常人所不能及的战略眼光，茑屋重三郎堪称浮世绘艺术的"掌舵人"。而对于歌麿来说，茑屋重三郎的身份更像是歌麿的"人生战略规划师"。他帮助歌麿踏入狂歌绘本这一领域，使歌麿声名大噪，使其艺术生涯实现了"弹射起步"。

但弹射起步也仅仅是起步，要想在赛道上始终保持领先，还必须有强大且持久的动能支持，而花鸟画在当时的江户显然不是浮世绘的主流，茑屋重三郎也明白这一点，因此他为歌麿规划了一条更为长远的道路——美人绘。

　　想画好美人，就得去江户美人最多的地方——吉原，以《画本虫撰》为代表的一系列作品的成功，也为歌麿带来了巨大的经济回报，出身不好的歌麿终于拥有了前往吉原的通行证——金钱。与此同时，茑屋重三郎还为歌麿提供了团队支持，这个团队的名字叫作"吉原连"。

　　这个"吉原连"可不简单。茑屋重三郎经常组织江户的文人雅士进行集会交流，有点类似于后来的文艺沙龙，而吉原连就是其中最活跃的群体之一。吉原连，看名字就能把它的成员构成猜个八九不离十，他们主要是吉原的"青楼老板"们和频繁流连于吉原的客人们，这些人主要就做两件事：待在吉原和讨论吉原。因此，称他们是吉原研究专家一点也不过分。

　　与吉原连的相识，使歌麿在美人绘领域获得了重要的人脉支持，就连邀请花魁（游女中的佼佼者）来做模特儿都变得易如反掌。就这样，歌麿将画笔对准了以吉原游女为代表的美人们，毅然走进了江户最深的红尘里。

‖ 喜多川歌麿　两个女人　1790 ‖

‖ 喜多川歌麿　美人花合·兵库屋内花妻图　1790 ‖

真正的美女敢于直面"大头照"

　　歌麿早期的美人绘或多或少有一些模仿的痕迹，但随着歌麿绘画功力的不断增加，到了不惑之年，他已经形成了专属于自己的美人绘风格，这点在《妇女人相十品》系列作品中体现得较为明显。

‖ 喜多川歌麿
妇女人相十品·吹"噗乒"的少女
1792 ‖

　　《吹"噗乒"的少女》是该系列作品中的代表作，因被印在邮票上而名声大噪。"噗乒"是一种日本的民间乐器，类似于哨子或者小喇叭。这幅画借用"噗乒"这一道具，搭配上柔和的用色和柔顺的线条，生动地描绘出一位活泼可爱的少女形象。再将其与《吸烟的女子》中那位袒胸露腹、手持烟枪的"烟民"对比，就能看出歌麿对于不同类型人物特征那精准的把握能力与高超的表现能力。

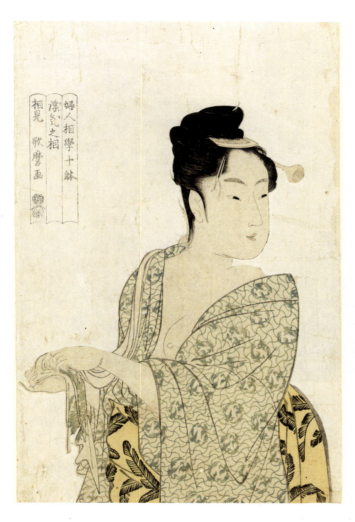

‖ 喜多川歌麿
妇人相学十体 浮气之相
1792—1793 ‖

　　该系列作品在创作工艺上也具有开创性意义，在这一系列作品中，他破天荒地运用了"云母拓"这一技法，也就是在拓印染料中掺入云母粉，使得作品背景更加光艳。如果把画拿到阳光下，星光闪烁的背景色，搭配上柔美的人物线条与精美的服饰纹样，则会使画作多一分奢华之气。

　　歌麿在这一时期推出了《妇人相学十体》与《妇女人相十品》两套作品，但是由于这两个系列在风格和内容上均极度相似，甚至有同一幅作品出现在两个系列中的现象。因此，有人认为它们本就是同一个系列，只是名字不同而已。在这一系列作品中，歌麿不但展现出了成熟且独具特色的绘画技法，还非常巧妙地借用道具进一步衬托画面主人公的性格。

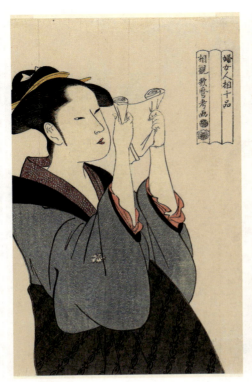

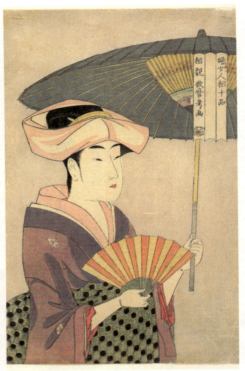

‖ 喜多川歌麿
妇女人相十品·读信美人
1792—1793 ‖

‖ 喜多川歌麿
妇女人相十品·打阳伞的女子
1792—1793 ‖

　　相比以往的美人绘作品，《妇人相学十体》与《妇女人相十品》还有一个突出的特点，那就是歌麿并没有选择将美人整体呈现在画纸之上，而是只画出了她们腰部以上的身体，并着重刻画美人的头部特征，这一创新性的构图方式在歌麿之后的作品中被不断升级，最终形成了一种全新的美人绘风格——大首绘，而其中的代表作则是歌麿最为杰出的美人绘系列之一——《歌撰恋之部》。

　　《歌撰恋之部》是一部关于恋歌的浮世绘作品，共由五幅画构成，其中尤以《物思恋》最为著名。

‖ 喜多川歌麿
歌撰恋之部·物思恋
1793 ‖

　　《物思恋》可谓实实在在的"大头照"，这幅画的主角是一位已婚少妇（把眉毛剃光是江户已婚女子的象征）。在这幅画中，歌麿直接将视角锁定在了美人的"大脸"上，他对于美人秀发与服装的描绘非常细腻，而对于作为画面焦点的人物面部的处理却十分简洁。不过，这种简洁却不能与空洞画等号，歌麿对于人物神态的拿捏可谓登峰造极，他非常善于将丰富的情感表现于秋毫之末，将人物复杂的内心凝练于极简的线条之中。在这幅《物思恋》中，美人用纤纤玉手轻托细嫩的脸颊，眼神迷离，仿佛在追忆曾经的浪漫时光。人们在欣赏这幅画的时候，会不自觉地发问：她是谁？她在想什么？而当我们在内心之中问出这些问题的时候，其实我们早已被这幅画所深深吸引了。

‖ 喜多川歌麿
歌撰恋之部·深忍之恋　1793 ‖

‖ 喜多川歌麿
歌撰恋之部·逢恋　1793 ‖

　　《歌撰恋之部》堪称划时代的浮世绘作品，在该系列作品问世之前，浮世绘中的美人向来是以全身像的形式出现的，几乎没有面部特写，而在《歌撰恋之部》中，歌麿将关注的焦点放在了人物的神情与动作上，强调对于人物内心情感的描画，生动呈现出不同人物的性情与气质，使画中的美人不再如"花瓶"一般僵硬死板，而是变成了真正富有生命力的"江户佳人"。

　　《歌撰恋之部》的出版直接引爆了美人绘领域，"大首绘"成为美人绘炙手可热的创作题材，歌麿也终于为作品贴上了真正属于自己的标签，作为"大首绘"的创始人，歌麿趁热打铁，绘制了一系列经典的"大首绘"作品。

见此图标 微信扫码 ／入梦江户时代，看遍人间万象。

‖ 喜多川歌麿
资见七人化妆
1790—1795 ‖

　　歌麿的"大首绘"虽然很美，但毕竟呈现在画面之上的是一张又一张的"大脸"，加之歌麿那独特的人物面部描绘手法，很容易让审美水平有限的江户老百姓"看腻"，那该怎么办呢？

　　歌麿是一位"绘画智商"很高的画家，他不仅笔法精妙，还能够通过巧妙的构图来提升作品的意趣。这幅《资见七人化妆》就是一个很好的例子，画中的女子背对着我们，露出白皙的后脖颈，而镜子却又清晰地映出她姣好的容颜。在一幅画中，歌麿就将美人"大首"的正反两面展示在人们面前，可谓一幅"360°全景大首绘"。在歌麿后来的《粉领美人图》中，也出现了类似的构图。

‖ 喜多川歌麿　粉领美人图　1795—1796 ‖

‖ 喜多川歌麿　当世踊子揃·鹭娘　约1794 ‖　　　‖ 喜多川歌麿　吾妻美人绘图　1795 ‖

　　欣赏歌麿的大首绘作品，不会让人感觉到一丝枯燥，因为仔细观察的话，歌麿笔下的美人不但千人千面，还"千人千衣服"。"鹭娘"是日本歌舞伎艺术的经典形象，在这幅画中，歌麿将鹭娘那如薄纱一般的花笠刻画得十分逼真且惊艳，让人不禁赞叹歌麿那细腻精巧的画功，而飘舞的丝带则提醒人们，虽然大家看不到画中女子的下半身，但她正在翩然起舞。

江户美人的前三名是……

‖ 喜多川歌麿
青楼仁和嘉女艺者之部系列二幅
1791—1795 ‖

大首绘主要画的是"脸"，可并不代表只有一张脸，就在《歌撰恋之部》出版的当年，歌麿还创作了具有自身范式美的另一组作品，即《青楼仁和嘉女艺者之部》系列。

《青楼仁和嘉女艺者之部》系列主要描绘了节日庆典时的女歌舞伎演员们。女演员所扮演的角色各不相同，她们的装扮也五花八门，使得这一系列"大头贴"的画面丰富有趣，是群像大首绘的典范。但这一系列作品的意义还不止于此。

眼睛雪亮的朋友应该已经发现了，这一系列作品的构图方式几乎一模一样，每幅作品中的角色都是三人一组呈金字塔状排列，在有效填充画面的同时，使得整体构图看上去毫不松散。歌麿在一幅大首绘中画上三张脸，带给了人们三倍的快乐。

‖ 喜多川歌麿 青楼仁和嘉女艺者之部系列二幅 1791—1795 ‖

以《青楼仁和嘉女艺者之部》为代表，歌麿在美人绘领域打造了属于自己的范式构图，这种"歌麿式构图"搭配上歌麿精妙绝伦的大首绘技法，最终诞生了歌麿的集大成之作——《当时三美人》。

‖ 喜多川歌麿
当时三美人
1793 ‖

《当时三美人》也被称为《江户宽政年间三美人》，画中描绘了宽政年间江户城的三位"女明星"，也可以说是宽政年间江户美人的"前三甲"，中间的是吉原艺伎的"扛把子"——富本丰雏，左边是江户赫赫有名的美女高岛久，右边是浅草人气茶室的当家花旦难波屋北。

这三位美女可谓是当时江户的名人，但有趣的是，如此三位美人，却并非都来自江户美人聚集地吉原，其中有两位是来自市井坊间的，在镜头怼脸的情况下，她们还能如此美丽，看来这三位美人的颜值真的是确实非常拔尖。

第一眼看这幅画时，仿佛三位美人长着同一张脸，但仔细观察就会发现，三位女性的仪态、脸型、眼神、眉毛、鼻梁都各有风韵，有着不同的美，这也是歌麿的厉害之处，他画画不但用笔，更在用心。因此，他能感受到最细腻的美，并将其呈现在我们眼前。《当时三美人》也是浮世绘线条运用的典范，整幅画用色清新典雅，线条柔美流畅，画面简繁有度，再辅以云母拓，一幅传世名作宛若天成。

‖ 喜多川歌麿　高岛久　1792—1793 ‖

‖ 喜多川歌麿　难波屋北　1793 ‖

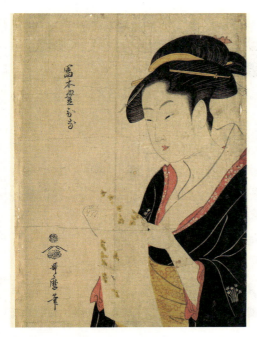

‖ 喜多川歌麿　富本丰雏　18 世纪末 ‖

英雄难过美人关，而歌麿直接选择不过美人关，他兴许也是画中宽政三美人的"铁粉"，这一点，从他为三位美人画了许多肖像画就能看出来。

可能有朋友忍不住想吐槽，前边都提到了，吉原是江户美人最多的地方，介绍了这么多歌麿的美人绘，但主角却没几个是吉原的，吉原的美人都去哪儿了？别着急，她们马上批量到来。

歌麿
带你逛吉原：
美人画的巅峰

揭秘游女的日常：《青楼十二时》

歌麿可能是江户最体贴百姓的画师了，江户的平头百姓不是逛不起吉原吗？歌麿直接把吉原游女的日常给搬到了画纸上，让老百姓们得以一饱眼福。

和中国古代类似，江户时期的日本也将一天按照地支的顺序分为十二个时辰，晚上 11 点到第二天凌晨 1 点是子时，凌晨 1 点到凌晨 3 点是丑时，以此类推……

《青楼十二时》一共有 12 幅作品，按时辰命名，每个时辰一张画，完整记录了吉原游女一天的日常。我猜这时候肯定有人想问：一天一共就十二个时辰，每个时辰画一张，难道吉原的游女不睡觉吗？

答案是：她们睡觉。

哦不。

答案是：歌麿画的并非同一个人，而是十二个不同的人。

托歌麿的福，接下来我们就一起走进吉原这个美人扎堆儿的地方，看看吉原游女们的日常都是什么样子的。

‖ 喜多川歌麿
青楼十二时·子刻
1793—1794 ‖

　　吉原游女们主要上的是夜班，画中的游女在子时才结束了忙碌的一天，正在低阶游女或是侍者的帮助下宽衣解带，准备休息。在吉原，游女也是有等级之分的，简单来说，前三个等级的游女被称为花魁，然后是不同等级的普通游女，最底层的游女则被称为"切见世女郎"，她们还有一个听起来不太高雅的外号：铁炮女郎。低等级的游女群体一般由见习游女组成，她们需要跟随高等级游女学习技艺，同时侍奉高等级游女的日常起居。

　　深宵的女人换上家用的木屐，一只手捉住胸前的轻花衣服，防它滑下肩来，一只手握着一炷香，香头飘出细细的烟。有丫头蹲在一边伺候着，画得比她小许多。她立在那里，像是太高，低垂的颈子太细、太长，还没踏到木屐上的小白脚又小得不合适，然而她确实知道她是被爱着的，虽然那时候只有她一个人在那里。因为心定，夜显得更静了，也更悠久。

这是张爱玲在《忘不了的画》一文中对自己钟爱的一幅浮世绘作品的描述，而这幅就是让张爱玲忘不了的画。

‖ 喜多川歌麿
青楼十二时·丑刻
1793—1794 ‖

这幅画的优秀无须多言，张爱玲的赞誉说明了一切。

画中的游女耷拉着头，睡眼惺忪。歌麿的画笔十分传神，将游女疲惫的神态描摹得淋漓尽致，甚至连游女的衣服都被勾勒得那样"无精打采"。这幅画也将游女那光鲜亮丽外表下的辛酸一面呈现在人们眼前。

‖ 喜多川歌麿
青楼十二时·寅刻
1793—1794 ‖

　　由于吉原主要做的还是晚上的生意，因此，在江户城其他地方万籁俱寂的时候，吉原却灯火通明，热闹非常。画中的游女们刚刚送走客人，正在悠闲地聊天，她们一个在煎茶，一个在抽烟，看起来非常放松。画面右侧的游女身披着一件男性的衣服，这件衣服属于她刚才接待的客人。

　　这幅画面可不是吉原客人能够看得到的，因为在他们面前，游女们永远都生活在"面具"之下，而逛不起吉原的江户老百姓们却有幸能看到游女们最真实的一面，这多亏了歌麿的艺术创作。

　　吉原虽然是江户首屈一指的风月场所，来这里消费的大人物也不少，但这里的一切毕竟属于黑夜。幕府规定，吉原的客人必须在早上 6 点前离开，幕府的面子吉原还是要给的。因此，在这幅描绘卯时场景的画中，游女正在为客人披上外衣。

　　这件外衣也有故事，在宽政改革期间，幕府推出了一系列禁奢政策，禁止贵族和富人骄奢淫逸，可对于许多江户富人来说，有钱不炫耀就等于没钱？因此，他们选择在一些不显眼的地方展示自己的富贵，比如衣服的内侧。游女手中的这件衣服就是这样一件宣示富贵的物件，在它的内侧画有精致的达摩画像。

　　《卯时》用色丰富却不杂乱，游女衣裙宽大的下摆随着流畅的线条铺满地板，更加衬托出游女亭亭玉立的身姿。且在这幅画中，无论是美人精致的面庞与细微的表情，还是服装上繁复的纹样，都被歌麿用细腻的笔触描绘出来。所以说，歌麿是美人绘大师，而不仅仅是"美人脸绘"大师。

《辰时》《巳时》描绘了游女"早上"的日常。对于上夜班的游女们来说，江户的上午是他们的"早晨"。《辰时》是一幅妙趣横生的作品，在这幅画中，两位年轻的游女正在饱受起床困难症的折磨，而半坐着的那位游女显然掌握了这种"疑难杂症"的治病良方，那就是直接掀开被子。巳时，游女沐浴完毕，正打算享用侍者端上来的茶水，但两人的目光却同时被画面外的事物所吸引，一齐看了过去。让人不禁疑惑：画纸之外究竟发生了什么？这就是歌麿的魅力，他的作品总是充满故事性，引人入胜，将人们带进他的画中世界。

‖ 喜多川歌麿　青楼十二时·午刻 1793—1794 ‖

‖ 喜多川歌麿　青楼十二时·未刻 1793—1794 ‖

对于游女们来说，午后是属于她们自己的悠闲时光，《午时》画面中间的是一位地位较高的游女，有可能是花魁，因为侍奉她的游女多达两人。她在认真读着侍者拿过来的信，有可能是"家书"，也有可能是某位仰慕她的客人送来的"相思寄语"。而一旁正在对着镜子摆弄头发的女孩年纪尚小，她应该是被称为"秃"的侍女，她的任务有两个：一个是侍奉花魁，一个是学习如何成为一名真正的游女。时间来到未时，从地面上的道具可以看出，画面左边的游女正在占卜，而右边年幼的秃也想算一卦，中间的见习游女就用最简单的算命方法——看手相，来满足秃的愿望。

‖ 喜多川歌麿　青楼十二时·申刻 1793—1794 ‖　　　　‖ 喜多川歌麿　青楼十二时·酉刻 1793—1794 ‖

　　休闲的时光结束后，一天的工作就要开始了，花魁身披华服，在侍女的陪同下准备开始工作。作为游女屋的招牌，花魁一身的装扮非常华丽昂贵且复杂，因此花魁每天化妆更衣通常需要好几个人伺候。在打扮好后，太阳也落山了，吉原终于要开始营业了。花魁会在侍者的引领下去会见贵宾。在当时的江户，花魁们既是吉原的"主角"，也是吉原的"附庸"；既是整个江户的女神，也是任人挑选的商品。

　　花魁赢得了客人的青睐，同时获得了歌麿画笔的宠爱。在这两幅画中，歌麿高度还原了花魁那华美的盛装，每处花纹都被描绘得细致入微，仿佛引着我们走进了江户时装秀的现场。

　　夜晚降临，江户"睡了"，但吉原"醒了"。月光洒落不夜城，与红艳的灯笼融为一体，格子屋内，尽是欢声笑语，在这光影编织而成的世界中，连樱花都变得千娇百媚起来。《戌时》与《亥时》两幅画就展现了游女的"工作场景"，从画中就能看出来，一位合格的游女，不仅要文采好，还得会陪酒。在《亥时》这幅画中，端坐的游女正将温酒呈给客人，她的举止十分优雅，而在一旁侍候的秃已经不堪劳累，昏昏欲睡了。看来，她若想成为一名优秀的游女，还有很长的路要走。

江户的明星海报

❶《当时全盛美人揃》

　　作为游女屋的金字招牌，花魁在江户美人界的地位可想而知，当然，想见她们更是难上加难。想见花魁，光有钱不行，还需要看人家花魁的心情和"档期"。现在，江户人的福利来了，没钱没关系，有歌麿就够了。

　　1794 年，歌麿以江户最著名的几位花魁为对象，创作了经典美人画系列——《当时全盛美人揃》。其中，"揃"就是"系列"的意思，《当时全盛美人揃》与其说是美人绘作品，不如说是江户的明星海报。

　　这一系列作品的绘画风格较之歌麿以往的美人绘又有很大的不同，该系列中的花魁们全部是以坐姿呈现在画纸之上的，但不同花魁又有着不同的姿态，充分体现了女性的仪态之美。歌麿笔下的美人不但"美"，而且"灵动"，在《当时全盛美人揃》中，歌麿不但画出了花魁们姣好的容颜，还通过对于花魁们表情和动作的刻画，画出了她们各不相同的性格。

‖ 喜多川歌麿
当时全盛美人揃·玉屋内花紫
1794 ‖

‖ 喜多川歌麿
当时全盛美人揃·丁字屋内雏鹤
1794 ‖

‖ 喜多川歌麿
当时全盛美人揃·兵库屋内花妻
1794 ‖

‖ 喜多川歌麿
当时全盛美人揃·玉屋内小紫
1794 ‖

有的人画一千张美人绘，其实只画了一个美人，重复了一千次，而歌麿画一千张美人绘，那就是实实在在的一千位美人。歌麿笔下的每一位美人，都是独一无二的，甚至有许多是有名有姓的。《当时全盛美人揃》就是最鲜明的例子，在这套作品中，每幅画的命名方式都是"工作单位＋花魁姓名"，就像是不同游女屋派出一位代表选手来参加选美大赛一样。

‖ 喜多川歌麿
当时全盛美人揃·若松屋内若鹤
1794 ‖

‖ 喜多川歌麿
当时全盛美人揃·扇屋内花
1794 ‖

❷ 《当世踊子揃》

　　《当世踊子揃》主要刻画的是江户最著名的几位年轻舞者，前边介绍过的"鹭娘"就是其中之一。

　　《当世踊子揃》作品依旧是以大首绘的形式呈现，画中的年轻艺伎各自扮演着不同的角色，看她们的表情，似乎正沉浸在舞蹈之中。其中，属《道成寺》这幅画中的美人笑得最开心，她眉飞色舞，轻拈折扇，红色的和服更衬托出她皮肤的细嫩白皙，而扇面上的樱花图案与衣服上的樱花纹样也呼应了道成寺地区的樱花胜景。

‖ 喜多川歌麿
当世踊子揃·吉原雀
1793—1794 ‖

‖ 喜多川歌麿
当世踊子揃·道成寺
1793—1794 ‖

❸《高名美人六家撰》系列

在宽政改革失败后的几年间，幕府对于出版业的管控依旧没有放松，甚至禁止在美人画上出现美人的名字，虽然在实际执行的过程中，幕府管理者经常睁一只眼闭一只眼，但是为了安全起见，出版商与画师们还是集思广益，想出了许多对策。而其中当属歌麿的对策最为精妙。

在《高名美人六家撰》系列中，歌麿画的都是吉原之外的美人。虽然不被允许给美人标名字，但每幅画的角落里却多了一个类似于明信片的"格子"，"格子"中的图案暗示着美人所处的地点和身份。既然幕府不允许在绘画作品上标明美人的名字，歌麿就带着江户人玩起了看图猜字的游戏，反倒为作品增添了许多趣味。

‖ 喜多川歌麿　高名美人六家撰·辰巳路考 ‖　　　‖ 喜多川歌麿　高名美人六家撰·日之出屋后屋 ‖

一代宗师
的
辉煌与落幕

美，不止吉原

‖ 喜多川歌麿
炊事美人
1794—1795 ‖

歌麿一生画了上千张美人绘，而细究画中的人物，吉原的倾城美人们仅仅占其中的一部分，毕竟歌麿是美人绘大师，而不是吉原绘大师。歌麿的美人绘涉及的与女子相关的题材非常丰富，看他的画，不会让人产生审美疲劳，这也是歌麿备受人们推崇的重要原因之一。

‖ 喜多川歌麿
娘日时计·辰之刻 1794—1795 ‖

‖ 喜多川歌麿
娘日时计·巳之刻 1794—1795 ‖

与《青楼十二时》一样，《娘日时计》也是根据时辰划分来创作的一套美人绘，只不过主角从吉原里边的女性换成了吉原外边的女性，因此这套作品的画面内容也更加贴合江户普通人的生活。由此可见，歌麿美人绘中的"美"字，可不能简单地与"美艳"画等号。

‖ 喜多川歌麿
娘日时计·申之刻 1794—1795 ‖

‖ 喜多川歌麿
娘日时计·午之刻 1794—1795 ‖

在《娘日时计》中，歌麿整体采用了一种全新的绘画技巧——无线折。在绘制美人的脸时，他并没有选择自己最为擅长的墨线勾勒，反而隐没了线条，搭配上由云母调配而成的背景色，使美人的肌肤更显白皙。

后来，歌麿将这种绘画方法"变本加厉"地运用在了另外一组作品中，它就是《锦织歌麿形新模样》系列。

‖ 喜多川歌麿
锦织歌麿形新模样·白打卦
1796—1797 ‖

即便是在歌麿如此众多的优秀作品中，《锦织歌麿形新模样》系列也绝对可以称得上是"不一样的烟火"，因为它有两大亮点。

第一个亮点就是该系列作品大量采用了无线折技法，依靠色彩、图案的对比代替线条，绘出美人的形体与服装的形状，使得作品宛若彩色的水墨画一般，带给人们全新的视觉体验。

第二个亮点就是歌麿居然在这些作品中倾诉了起来！在每幅画的角落中，歌麿都写了许多字，这在歌麿的其他作品中是非常少见的。至于这些字的内容，就更有意思了。歌麿在这些自白中毫不掩饰地夸赞起自己的作品，还表达了自己对于艺术创作的看法。这些文字也使我们可以看到一个形象更加丰满的歌麿——他自信，甚至有些自负，这都源于他那颗对于艺术无比热爱与尊重的心。

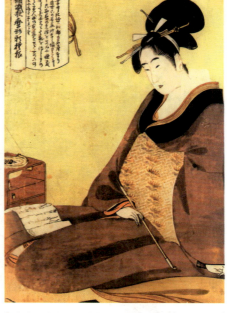

‖ 喜多川歌麿 锦织歌麿形新模样·浴衣美人 1796—1797 ‖　　　　‖ 喜多川歌麿 锦织歌麿形新模样·文读 1796—1797 ‖

当然，歌麿一反常态地选择在作品中用文字直抒胸臆，可能也与另一件事有关，那就是他的挚友、伯乐及最重要的合作伙伴——茑屋重三郎去世了。

茑屋重三郎生活在江户时代最后的浮华之中，有传言说他正是生于吉原，而那时候的吉原还是一片荒芜。虽然出生于江户最贫贱的底层，茑屋却凭借自己的智慧与远见，在江户这个等级森严的社会中硬生生闯出一片天地。

直到茑屋去世时，商人仍然处于社会的最底层，幕府甚至可以随意没收他们的财产。但是，当历史的车轮无情地碾过沧海桑田，一代代幕府将军与诸路大名的名字逐渐被人们所淡忘，而茑屋重三郎这个名字却依然闪耀在历史的星空之中。他不卑不亢，富有且慷慨，他没有什么艺术细胞，却为浮世绘艺术的发展壮大与浮世绘画家们的成长、成名提供了沃土、养分与指路明灯。

茑屋的去世对于歌麿的打击无疑是巨大的，所以我们推测他的反常行为可能是由于情绪的激烈波动导致的。当然，此时的歌麿已经是浮世绘领域最为杰出的大师之一了，伯乐虽然远去，但生活还要继续，画也得继续画。在创作生涯的后期，歌麿的绘画风格又有了新的变化，他开始尝试更多的美人绘题材，绘画内容也是五花八门。

‖ 喜多川歌麿 妇人手业十二工系列四幅 1797—1798 ‖

　　《妇人手业十二工》系列将视角聚焦在江户的"职业女性"上，其中既有豆腐西施，也有"托尼老师"。歌麿构图巧妙且不落俗套，每幅作品中都包含至少两位女子，既能形象地还原人物所从事的工作，还能兼顾大首绘的画面表现力。果然，劳动的人民是最美的。

‖ 喜多川歌麿 女织蚕手业草系列二幅 1790 ‖

《妇人手业十二工》同样是描绘江户女性劳作画面的系列作品，具有浓厚的生活气息，且每幅画包含的人物较多，为人们展示了形形色色的女性工作场面。不同于吉原的游女，这些画中的女性没有精致的妆容，也没有华贵的服饰，但她们的身上却散发着一种朴素的美。而歌麿的这些作品也让我们有机会进一步了解江户时代人们的生活面貌。

在世纪之交，歌麿还创作了一套美人群像作品，即属于艺伎们的雪、月、花。

虽然这三幅作品的风格与歌麿的其他美人绘作品相去甚远，但无论从整体构图、细节描绘还是意境表达上，这三幅画都堪称精品。歌麿将雪、月、花等浪漫的景致与美人相结合，可谓锦上添花。

‖ 喜多川歌麿 吉原的樱花 1793 ‖

‖ 喜多川歌麿 深川的雪 1801—1804 ‖

‖ 喜多川歌麿 品川的月 1801—1804 ‖

美人的终章

歌麿的画俗吗？

我的答案：俗，却不"媚俗"。

浮世绘脱胎于江户平民文化，同时，浮世绘本身也是画给最"俗"的江户老百姓看的。因此，浮世绘是"俗"的，歌麿的美人绘也是"俗"的。但作为一位美人绘大师，歌麿的创作却从不"媚俗"。在他的笔下，无论是吉原的美人还是平凡的江户女性，无论是花草还是昆虫，都有着一种风骨，而非空有一张精致的皮囊。这是因为，绘就她们的人——喜多川歌麿，就是这样一个有风骨、不媚俗的人。

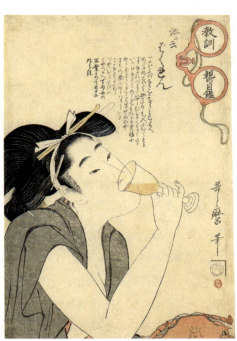

　　《教训亲之目鉴》系列是歌麿晚年的代表作，"目鉴"就是眼镜的意思，在这套作品中引申为"以此为鉴"，而"眼镜"这一形象也被用作这套作品的标志，巧妙搭配着系列名称，出现在每幅画的角落。在这套作品中，歌麿将形形色色事件中的女性描绘得惟妙惟肖。同时，他又为作品加上了大量的文字说明。

　　我们不知道，究竟是因为相似的性格让歌麿和茑屋走到一起，还是因为两人的相遇使他们的性格变得相似，他们都出身底层，也都活得不卑不亢，并最终在自己的领域成为一代宗师。但这种不卑不亢，也让两人付出了惨痛的代价。

　　和茑屋一样，歌麿惹上了全日本最不好惹的"人"——幕府。

　　1804 年，歌麿被幕府判处了为期 50 天的"枷手刑"（江户刑罚的一种，即将犯人的双手锁住），而这场祸事就源于下面这几幅画。

‖ 喜多川歌麿　太阁五妻洛东游观图系列之一　1803—1804 ‖

　　画名中的"太阁"指的就是丰臣秀吉，也即江户幕府之前的日本统治者。秀吉出身底层，但在某种意义上来说他生在了一个"好时代"——日本战国时代。天下大乱给了秀吉出人头地的机会，他通过自己的努力和杰出的政治手腕成为统治日本的"天下人"，从"人下人"变成"人上人"。秀吉是一个表里如一的人，无论从心理上还是行动上都对奢华的生活爱得那么专一和纯粹。特别是在晚年的时候，秀吉有钱有权，妻妾成群，生活更是骄奢淫逸，经常组织大型的游乐活动，歌麿在这几幅画中描绘的就是丰臣秀吉和他五位妻妾出游的画面。画这几幅画时，歌麿可能并没有想那么多，但看到这几幅画的幕府却想多了。

　　江户幕府是靠着推翻自己的上司——丰臣政权起家的，因此关于丰臣政权的文学和艺术创作向来被幕府所禁。再加上时任幕府将军的德川家齐，同样也是妻妾成群。因此，幕府认为歌麿是在影射当局，讽刺幕府，并对歌麿采取了严厉的惩罚措施。

　　幕府的惩罚对歌麿打击很大，被处以枷手刑的犯人可以不用坐牢，但不能私自打开手铐，否则会被延续刑期。枷手刑对于犯人的尊严能够造成很大的伤害，特别是对于心高气傲的歌麿来说，这次打击对于他的艺术生涯来说简直是致命的。

　　解除刑罚后，歌麿的创作灵光也没了，即便他笔下的美人依旧精致，但回归传统、小心翼翼的画风，使得美人们似乎失去了灵魂。

　　歌麿是为艺术而生的，而当他的艺术不可避免地走向凋零的时候，他的生命之火也随之逐渐熄灭了。1806 年，歌麿永远地放下了那支绘就无数美人的画笔，郁郁而终。从此，江户再无"歌麿美人"。

"名扬世界"只会迟到，不会缺席

江户虽然再无歌麿美人，但歌麿美人却漂洋过海，遍及世界。

随着19世纪中后期幕府的陨落和日本的开国，许多日本商品开始出现在欧洲的市场上，浮世绘也是其中之一。欧洲人对于江户充满好奇，浮世绘则大大满足了他们的好奇心。其中，以线条为基本绘画语言的美人绘与欧洲传统人物画法有着本质的区别，这为欧洲人带来了全新的视觉体验，也让他们看到了不一样的江户美人，而作为江户最为杰出的美人绘大师之一的歌麿，也成了第一位在欧洲广受欢迎的浮世绘画家。

1891年，法国作家埃德蒙·德·龚古尔出版了第一部关于歌麿的传记作品——《喜多川歌麿——青楼画家》，这本书也让更多的人了解了歌麿，了解了歌麿所生活的时代以及他的艺术。

在谈及歌麿的作品时，龚古尔不吝溢美之词，他说自己从没有见过如此和谐美丽的版画作品，画面中的色彩就像云的影子一样动人。

浮世绘艺术头号粉丝团当属印象派了，这一群体中有着许多享誉全球的艺术家，比如莫奈、德加、梵高，而他们之中的许多人，是浮世绘艺术以及以喜多川歌麿、葛饰北斋、歌川广重为代表的浮世绘画家们的忠实拥趸。印象派画家们将浮世绘艺术与西方的绘画艺术相结合，不断发展印象派画法，最终开辟出了一片艺术新天地。

歌麿是美人绘大师，同时是一位"线条"大师。在他去世后，他笔下的美人让全世界为之倾倒，他绘出的一根根细腻而柔美的线条，也在不断启发着后世艺术家们的创作。在奔流不息的历史长河中，"喜多川歌麿"这个名字非但没有沉落河床，反而愈加熠熠生辉。

我们前面介绍过《当时全盛美人揃》这一系列的作品，它的名字其实非常动人，其中的"揃"就是"系列"的意思，而"当时全盛美人"则有两种译法：一个是"那个时代最著名的美人"，而另一个是"美人容颜极盛之时"。

"最是人间留不住，朱颜辞镜花辞树。"当岁月在美人的眼睑刻下道道皱纹，姣好的容颜不再，任是吉原的花魁也会凋零。在没有照相机的年代，她们的身影在漫长的历史长河中本应像朝露一样伴随着日升月落旋而消散，了无痕迹，但在歌麿笔下，她们绝美的姿容却被以一种更具艺术美的形式永久记录下来，在数百年之后，依旧如惊鸿照影般慑动着人们的心魄。我想，这也许是除了别具特色的绘画风格与技法外，歌麿留给人类世界的又一笔财富。

葛饰北斋

迈向浮世之巅

一朵
席卷全球的
浪花

世界上最高的海浪超过 500 米，这个高度，即便是电影
中的金刚站在帝国大厦顶上都摸不到水面。电影《后天》里面
的滔天巨浪吞没了整个纽约，自由女神像就剩个脑袋露在外面。
即便如此，它们却都不能跟下面这朵浪花相提并论，因为这朵
浪花把整个世界给冲了个遍……

这幅画中的浪花甚至冲到了你的衣服上和水杯里……

《神奈川冲浪里》绝对算得上是世界绘画作品中传播最广的作品之一，因为它在我们生活中的出镜率非常高，餐厅，服装，海报，杯垫，背包，滑板，玩具，只要你细心观察，生活中的很多地方都有这幅画的身影。

甚至，在我们用输入法打出"海浪"二字时，出来的都是：

许多人可能说不上来这幅画的名字，但对于这朵浪花却一定不会陌生。当然，还有一部分人虽然知道它的名字，但却不一定能说对。

它的名字，你念对了吗？

当大家第一眼看到"神奈川冲浪里"这几个字时，会怎么读呢？我想肯定有人会和我一样，念成"神奈川 冲浪里"，虽然这幅画配上"冲浪"二字看似非常合理，但是这么念可是大错特错。

这幅画名字的正确读法应该是：神奈川冲 浪里。

"神奈川冲"其实是一个整体，"冲"，在日语里是表示"离海岸比较远的海域"。因此，"神奈川冲浪里"指的是在神奈川附近海域的巨浪之中。

如果大家觉得这个名字不好记的话，也可以直接叫它《大浪》，这是许多人对于这幅画的简称。有些人可能觉得《大浪》这个名字太俗，但是这么叫，至少能保证不会出糗。

说到底，大家要记住，在念这幅画名字的时候，只要别提"冲浪"二字，就不会显得外行。

这朵浪花究竟有多美？

作为一幅画，要想风靡世界，首要条件是啥呢？当然是"美"啊！那么，这朵席卷世界的"浪花"，究竟美在哪里呢？

❶整体构图

这幅画的"主角"毫无疑问是占据画面中心位置的巨浪、张牙舞爪的浪花、甩向半空的海水以及被激流裹挟的小船，无不宣示着这滔天巨浪的汹涌澎湃。画面中的浪花像鹰爪般凶猛可怖，波浪如大山般巍峨雄壮，而真正的大山——富士山，则在远处静静地观瞧着这一切，仿佛是一位饱经沧桑的老者，早已看惯这世间的惊涛骇浪。这一动一静的对比，赋予了这幅画作旺盛的生命力与深刻的哲思。

在这巨浪之中，有三只小船，有的几乎要被波涛吞没，有的则随波逐流，被大海托向高空。而图画选取的视角相对较低，让欣赏这幅画的人仿佛也置身于这样的一艘小船之上，巨浪那排山倒海的气势扑面而来，让人不免心惊肉跳。

但再仔细看去，小船上的船夫们并未慌乱不堪，他们甚至比我们这些看画的人还要淡定。为了生存，船夫们的动作整齐划一，正在与这巨浪进行着激烈的搏斗。

❷画面表现

这幅画的画面呈现生动而又写意，画家以强大的理解力与敏锐的感知力，准确捕捉到了各个景物的形态特征，并予以抽象化、夸张化的处理，用简练流畅的线条勾勒出一个无比生动的场景。在这似真似幻、既"美"又"险"的景象之中，无论是汹涌的波涛与静谧的远山，还是巨大的海浪与渺小的船只，抑或是船夫们那蝼蚁般的身姿与大无畏的勇气，在带来一种巨大的反差美的同时，淋漓地体现着日本文化的双重性与极端化的特征。

因此可以说，《神奈川冲浪里》无论是在审美价值上还是在意境表达上，都堪称绘画领域的典范。

❸作品细节

☀惊涛拍岸 卷起千堆雪

这幅画可谓诗意满满。

只看这一部分，是不是很像一幅完整的富士山落雪图？苏轼文字中如雪一般的浪花，纷纷扬扬地洒落在画中的富士山上，带给人一种跨越时空的浪漫。

☀白马千群浪涌 银山万叠天高

清代诗人宋琬的这句诗本是赞美钱塘大潮的，意思是奔涌的潮水好似千万匹奔驰的白色骏马，气势磅礴；又像是万丈高的银色山峰，直入云天。这句诗简直就像是为《神奈川冲浪里》量身定制一般。你们看：图中那浪花，不正如万马奔腾一样吗？而那凶猛的浪头，直冲天际，似乎比富士山还要高上许多。

《大浪》的名气到底有多大？

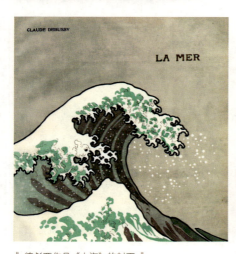

‖ 德彪西作品《大海》的封面 ‖

‖ 日本公布的全新千元纸币正背 ‖

百年灿烂光河下的浮世绘三杰

《神奈川冲浪里》可谓是名气最大的浮世绘作品，它曾一度被印刷了八千多幅，走进了千家万户，成为史上被印刷次数最多的一张浮世绘。如今，这幅画中的海水，已经渗透到了这个世界的每一个角落，在日常生活中，只要你细心观察，我相信你一定会时不时地说出下面这句话："咦？大浪！"

　　法国作曲家阿希尔·克洛德·德彪西——近代"印象主义"音乐的鼻祖，对于 20 世纪的音乐创作具有十分重要的影响。就像许多印象主义画家一样，德彪西也非常喜欢浮世绘，尤其是这幅《神奈川冲浪里》，他甚至将这幅画中的巨浪作为自己交响乐作品《大海》的封面。音乐领域的一代宗师都对这幅画如此推崇，《神奈川冲浪里》在艺术圈的地位可见一斑。

　　人人都爱钞票，人人都用钞票，因此，谁要是能被印到钞票上，那绝对是排面十足。2023 年 4 月，日本央行公布了新版纸钞票样。其中，新版 1000 日元纸币（日本人使用最多的纸币面额）的背面，印的正是这幅《大浪》，所以不久之后，大浪将会彻底给日本老百姓"洗脑"。

‖ 创意广告 ‖

　　这是一组电器公司的创意广告，画中的巨浪在广告中变成了蔬菜、牛奶和秀发。在 2000 年，美国《生活》杂志评选出了过去一千年中对人类产生巨大影响的一百位名人，而其中只有一位日本人，这个人正是《神奈川冲浪里》的作者——葛饰北斋。葛饰北斋是浮世绘的集大成者，其创作风格多样，绘画技法高超，他的作品对后来的欧洲画坛影响很大，以至于许多近代印象派画家（梵高、莫奈、高更等人），都是他的"粉丝"。而正是这样一位艺术大家，却是个集改名狂魔、搬家达人、漫画鼻祖等称号于一身，遭过大火、挨过雷劈的奇人。

北斋是怎么
"入行"的

在江户时期的日本，有人出生没名没姓，有人出生爹不确定，葛饰北斋就属于后者。

北斋出生于 1760 年的江户本所（今东京墨田区），他的身世一直是个谜。他有一个不知道有没有血缘关系的"父亲"，名字叫作中岛伊势，身份是幕府的御用镜师。有人说北斋是中岛伊势的养子，还有人说北斋是中岛伊势的私生子，不管怎么说，从北斋没有接他父亲的班这一点来看，他父亲的"含爹量"确实有待商榷。

‖ 东京墨田区街景 ‖

虽然拥有首都户口，父亲还为幕府打工，但北斋的家境并不富裕，原因很简单——当年的江户可比不上今天的东京，而当权的幕府也并不富裕。不过，中岛伊势好歹在名义上是为幕府工作的，这在当时的江户已经算高人一等了。

今天的东京墨田区，还有以北斋名字命名的街道，街道两旁设计有许多和北斋有关的"惊喜元素"。

為　一　翁

辞世

人魂て
ゆきき
ばすや
夏の

溪斎
英泉画

‖ 溪斋英泉
葛饰北斋画像
1848 之前 ‖

对于北斋来说，长大后接父亲的班无疑是最好的选择，但要真是那样的话，世界上就少了一位浮世绘大师，想必喜爱北斋作品的人们第一个不答应。当然，葛饰北斋的父亲更不会答应，因为在北斋十来岁时，中岛伊势板上钉钉的亲儿子降生了。

这对于北斋是巨大的打击，而对于这个世界来说则是天大的福气。

中岛伊势亲儿子的降生成功让北斋这个"含儿量"同样存疑的儿子失去了家产继承权，北斋和"子承父业"彻底无缘。之后，他被送去了贷本屋打工，年纪轻轻便成了京城打工人。

那么，这贷本屋是什么地儿呢？贷本屋是租书的地方。江户时期，日本社会的识字率不断提升，与此同时，日本的印刷技术也有了很大的进步，相比于大字不识一个、光会舞刀弄枪的战国时代老百姓，江户时期的老百姓"弃武从文"了，他们能看书了，喜欢看书了，而且有书可看了。但他们没钱买！老百姓能看书，爱看书，但买不起书，那该怎么办呢？

答案是：租书！许多商人发现了这一商机，他们将囤积的书租借给人们阅读，这样一来，老百姓省了钱，商人赚了钱，实现了双赢。于是，贷本屋（或称"租书屋"）就这样诞生了。

北斋从小就非常好学，在贷本屋打工这件事到了他这里便成了"带薪读书"，在他当伙计的这段时间，北斋帮店里租出去了几本书现在已经无法考证了，但在这段日子里他自己看了不少书倒是毋庸置疑的，在差不多人均"小学肄业"的江户，北斋的这份工作让他得以学习到大量的知识，成了实实在在的"文化人"。

‖ 贷本屋在日本有着很长的历史，图为 20 世纪中后期日本的贷本漫画书屋 ‖

贷本屋的经营者为了吸引更多顾客，赚更多的钱，开始将目光放在如何提升书本的吸引力上，老百姓喜欢看什么就印什么。那么老百姓喜欢看什么呢？人们识字的目的是读书，但读书的目的不一定是看字，有许多人一看密密麻麻的字就头疼，但很少有人看图片头疼。因此，甭管什么年代的人，多大岁数的人都爱看小人书。

江户的商人们深谙这个道理，于是在制作书籍的时候放入插画，而且越放越多，具体的工艺流程就是先请画师作画，再将画交给模板雕刻师进行雕刻，最后进行印刷。北斋在绘画方面天赋异禀，但在 15 岁以前，他的这个特长始终停留在兴趣爱好上。在贷本屋打工的日子里，和大多数人一样，北斋也爱上了书中形形色色的插图，并逐渐沉迷其中，那些图画似乎将他拉进了另一个世界，而书中的文字则成了对那个世界的注解。

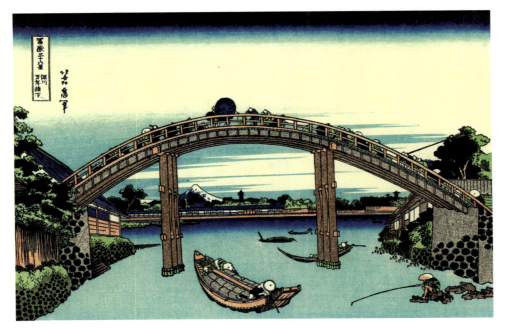

‖ 葛饰北斋　深川万年桥下　1830 ‖

1774 年，15 岁的北斋又被送到印刷所的一位木版雕刻师傅手底下当学徒。在印刷所，年轻的北斋见识了大量的浮世绘作品，天赋异禀的他在学徒的过程中逐渐掌握了浮世绘的画法，并立志成为一名浮世绘画师。但是，光靠自学是很难在艺术领域有大作为的，北斋要想成为一名真正的画师，还必须进行"正经"的绘画学习。

胜川画室
的
顶梁柱

　　1778 年的一个冬日，19 岁的葛饰北斋来到了胜川画室的门口，敲开了浮世绘的大门。

　　胜川春章是日本浮世绘的名家，也是胜川派浮世绘的创始人，胜川派可谓是浮世绘江湖中的"名门大派"，门徒众多，名家云集，在当时具有很高的声望，自然是北斋学习浮世绘的理想场所。北斋拜入胜川门下，标志着他正式走上了浮世绘画师的道路。

‖ 胜川春章　三代目大谷広次
1770 ‖

‖ 胜川春章　四代目岩井半四郎
约 1778 ‖

‖ 胜川春好 初代尾上松助 约1780 ‖　　　‖ 胜川春英 三代目濑川菊之丞 1794 ‖

　　"春朗"——北斋众多名字（画号）中的一个，同时也是北斋真正开始浮世绘创作所使用的第一个画号，在跟随胜川春章学习浮世绘一年后，北斋就开始在自己的作品上署名"春朗"了。从前面的这些胜川派画作的画师姓名中，大家应该能看出来，"春"字对于胜川派来说意义非凡，事实也是如此，胜川春章只会将来源于自己名字中的这个字赐予得意门生，而北斋仅用了一年就得到了"春"字的使用权，足见其天赋异禀。

　　从这两幅役者绘可以看出，葛饰北斋早期的浮世绘作品带有明显的胜川派风格。

‖ 葛饰北斋
相扑选手和田原甚四郎和花项山五郎吉
1783‖（左）

‖ 葛饰北斋
相扑选手高根山右工门和千田川吉五郎
1783‖（右）

这是一幅非常有趣的"老虎冲澡图"。春朗时期的北斋尚处于"学徒"阶段，他在绘画的过程中追求的更多是"形似"，请记住这只老虎，在后面我们介绍北斋晚年所画的老虎相时，两者对比，别有一番趣味。

北斋在胜川画室一待就是 15 年。其间，北斋刻苦练习，勤奋作画，创作了大量的作品，其中以小说插图和役者绘为主。但这一时期北斋的创作还没有形成自己的风格，他的作品大多是对老师的模仿。这一时期北斋的艺术生涯也被称为"春朗时期"。

‖ 葛饰北斋　瀑布下的虎　约 1785 ‖

‖ 葛饰北斋　唐子书画图　约 1785 ‖

有人可能想问，北斋不是个绘画天才吗？怎么都三十好几了还在那儿模仿老师呢？举了例子大家就明白了，北斋的绘画天赋可是不低的，他在胜川画室学习工作的这 15 年，就相当于一名成绩拔尖的学生故意蹲班念了十几年书，老师都熬走了好几位，你说到考试的时候谁能考得过他。

‖ 葛饰北斋
壬申狂言·桶取 宿屋饭盛
1790 ‖

在胜川画室期间，除了役者绘，北斋画得最多的就是黄表纸和洒落本插图了，这点倒是和歌麿非常像，从侧面说明像黄表纸这样的"擦边读物"在江户坊间是多么受欢迎。

在胜川门下"蹲班"的这 15 年中，北斋不但娶妻生子，而且还成长为门派的顶梁柱，但坏消息是，门派里的顶梁柱就剩他这一根了。15 年间，胜川派的弟子们走的走，瘫的瘫。现在，胜川画室的重担几乎都落到了北斋的肩上。

吵了一场
造福后世的架

和钱差点儿缘分

　　北斋一生吵过很多架，其中，尤以与春好的这场架吵得最值。在说吵架的事之前，我们先来看一个北斋和钱有仇的故事。

　　在江户时代的日本，普通老百姓想要赚钱可不是一件容易的事，但对于掌握着一门手艺的人来说，情况则要好上许多，而北斋就是这类"手艺人"中的代表，并且他还是"有靠山的手艺人"。正所谓"背靠大树好乘凉"，在胜川派这面大旗下，北斋根本不需要为订单少而发愁。相反，真正让北斋犯愁的是订单太多了，大树底下确实好乘凉，但对于北斋来说，"大树竟是他自己"。在老师离世后，北斋肩上的担子更重了，但工作再辛苦也比饿肚子强，何况北斋家里还有一个老婆三个孩子等着他养活呢。

‖ 葛饰北斋
歌舞伎演员第四代传人市川海老藏扮演文觉上人
1791—1793 ‖

‖ 葛饰北斋
歌舞伎演员第三代传人坂田半五郎扮演源为朝
1791—1793‖

这两幅役者绘是一对双联画，画中的两位演员分别扮演不长眼的山贼与日本著名狠人"源为朝"。北斋的这两幅画具有浓烈的胜川派风格，既注重对于演员外表的刻画，还注重对于场景的描绘。北斋没有进行任何文字说明，就让我们看懂了画中的故事：山贼脚踩巨斧想打劫，可万万没想到劫了个比自己还狠的，来人撩开衣服露出铠甲，并掏出一个头骨……

画作打折？我给你腿打折

‖ 葛饰北斋　九月歌舞伎·菊慈童　1793 ‖

　　在北斋待在胜川画室期间，曾有两个欧洲人来找他约画，其中一人是个船长，而另一人则是位医生。他们每人委托北斋画两幅画，但那个医生想占便宜，便耍了个心眼儿，在画作交付时说自己比船长穷，非要北斋给他的那两幅画"打个折"。北斋看不惯他的做法，气愤地拿起画扭头走人了。

　　北斋走得有多潇洒，回家被老婆骂得就有多狠。北斋的妻子火冒三丈，毕竟蚊子再小也是肉，何况这两幅画即便是打折也能卖不少钱，而现在，却一分钱也没有得到，北斋简直就是让煮熟的鸭子飞走了。北斋气愤地说道，他就算饿死，也决不允许这些外国人把日本人当傻子！

　　这件事也是北斋一生的写照，北斋和艺术的缘分不浅，但和钱的缘分却始终不深。他性格中的这股子"倔劲儿"，在一定程度上造成了他总是没钱的境遇。这不，在拒绝吝啬医生后不久，北斋就再次用行动向妻子证明了，在赚钱这方面，他不仅能让煮熟的鸭子飞走，就连卷饼里的烤鸭他都能给放生。

　　1793 年，葛饰北斋离开了胜川画室。

北斋出走"罗生门"

　　关于北斋为何选择离开自己工作了 15 年的画室，比较主流的说法有"大吵一架说"和"逐出师门说"两种。

　　大吵一架说：北斋曾经接受过一个招牌绘制的委托，在北斋完成作品后，师兄春好却嫌他画得不好，有辱师门，把他的那张画给撕了！又犟又高傲的北斋自然气不过，于是和春好大吵一架，然后愤然出走，"我不干啦！"这种说法的证据是当时江户小报上的记载。

　　逐出师门说：北斋既爱学习，又善于博采众长，于是在作画的过程中经常学习其他画师的技法，并加以融会贯通。因此，北斋作品的风格与传统的胜川画派渐行渐远，这引发了整个师门的不满。于是，在老师去世的第二年，他被画派扫地出门。

‖ 胜川春好　二代目市川猿之助 1785 ‖

‖ 胜川春好　赖川线的一名艺伎演员 1790 ‖

有人开玩笑说，日本的历史是写在厕纸上的，这个玩笑是吐槽日本的历史记载非常模糊混乱。因此，关于北斋离开胜川画室这件历史上的"小事"，自然更没有可靠的记录，但即便如此，我们仍可以推测一下北斋离开画室的真实原因。

其实，以上两种猜测其实并不冲突。不过，相比于"逐出师门"，北斋更可能是主动离开胜川画室的。原因有二：

其一，画室还要靠北斋挣钱呢，应该不会轻易把他赶走。其二，葛饰北斋非常喜欢且善于学习新的绘画技法，并将其与自身的绘画风格相结合进行创作，这种做法在当时确实很容易招致同门的不满。而他自己应该也明白，像他这种崇尚自由创作的人，胜川画室这座"小庙"，已经难以装下他这尊"大佛"了。

而与春好的这次吵架，自然就成了北斋出走的导火索。毫无疑问，离开胜川派虽然为北斋的生活带来了巨大的压力，不过，对于他的创作却大有裨益。纵观北斋的艺术生涯，他正是在离开胜川派后才逐渐迈入创作巅峰期的。因此，北斋的出走是浮世绘史上一次伟大的分道扬镳，而作为导火索的这次吵架，可以说在人类艺术史上价值连城。

改名狂魔
的
求索之旅

旧的不去，新的不来

葛饰北斋，又名春朗，宗理，俊郎，辰政，学教人，戴斗，为一，雷阵，群马亭，月痴老人，以及"铁棒滑滑"……

离开胜川画室后，北斋积极寻求绘画风格上的改变，但在与胜川派分道扬镳以后，北斋接到的委托非常少，不稳定的收入使其难以支撑一家人的生活。于是，他把自己的儿子过继给了养父中岛家。不过，天旱饿不死手艺人，北斋因时而动，改变了自己的创作方向，同时抛弃了自己使用了15年的"春朗"一名，改名为"宗理"，继续创作之路。

北斋之所以改名为"宗理"，与一个叫作"琳派"的浮世绘流派有着密切的关系。这个琳派非常有意思，它是浮世绘中一个非常独特的流派，别的流派是画画的，而它是"做装修的"。琳派讲究美术与工艺的结合，强调绘画的装饰作用。因此，琳派的作品经常会出现在屏风、布料，或者扇面等日常用品上面。而琳派的传承方式也很奇特，不需要建立师徒关系，一个人只要愿意学习这一流派的绘画技巧，就能随时随地加入其中。

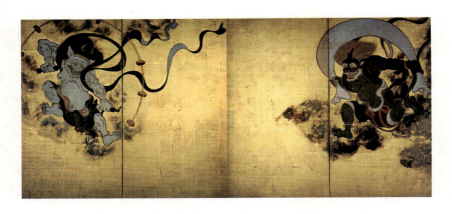

‖ 尾形光琳
风神雷神图
17 世纪 ‖

　　北斋倾心于琳派画法，拥有非凡天赋的他很快便自学成才，掌握了琳派绘画的技巧，并得到了这一流派权威人士的认可，仅用了一年的时间，就继承了琳派大师表屋宗理的名号。

　　宽政改革失败后，狂歌绘本正在江户"大行其道"。北斋既喜欢看书，也喜欢绘画，因此，狂歌绘本肯定不能落下北斋，而且北斋身处的琳派可以说是"无组织无纪律"，这使得他的创作非常自由。在这一时期，他放飞自我，创作了大量的狂歌绘本，以及由其衍生出来的、以单页形式呈现的短诗版画——"狂歌折物"。

‖ 葛饰北斋　画本狂歌山满多山　1804 ‖

与歌麿的狂歌绘本不同，北斋的狂歌绘本多是狂歌搭配风景绘，整体画面视野开阔，元素丰富，构图精巧。

在宗理时期，北斋迎来了自己事业的第一个高峰期。北斋从小就"带薪念书"，因此颇有文化，再加上他那无与伦比的绘画天赋以及十几年的沉淀积累，使得他在创作狂歌绘本与狂歌折物时简直如鱼得水。在大出版商茑屋重三郎的牵线搭桥下，"宗理"很快成为浮世绘圈的金字招牌，一个个委托和订单源源不断地被送到北斋的画室，他也终于过上了难得的富裕生活。当然，对于与钱无缘的北斋来说，这种富裕日子只是暂时的。

1798 年，在袭名"宗理"的四年后，北斋将这一名号传给了门生宗二，自己则改名为"北斋辰政"，继续踏上了求索浮世绘真谛的漫漫长路。

北斋心目中的美女长什么样？

离开琳派后，北斋成了一名真正的"自由职业者"。有多自由呢？他为了讨生活，画过海报，制作过挂历，甚至还去大街小巷卖过调味料。为了能够接到更多的委托，北斋成立了自己的画室，而画室的名字正是"北斋"，意思是"北方的学社"。

虽然北斋在这时的名气已经很大了，但奈何他用过的名字太多了，人们很难通过画作的署名分清哪幅画是他画的。因此，在这次改名后，北斋学聪明了，他让出版圈的朋友帮忙宣传自己的画室，这招果然奏效，北斋画室的名号很快便传遍了整个江户。

随着北斋画室的名气越来越大，北斋收到的浮世绘订单也越来越多，而其中有相当一部分是美人画。于是，北斋就开始夜以继日地绘画。在胜川画派时，北斋也曾画过不少美人画，但北斋此时已经快四十岁了，他对于美人的看法与二十年前可不一样了。那么，北斋此时理想中的美人长什么样子呢？

答案是：瘦高的。

‖ 葛饰北斋　七夕美人图
18 世纪晚期 ‖

‖ 葛饰北斋　花丛下的美人
18 世纪晚期 ‖

　　北斋在这一时期所画的美人画与在春朗时期所画的美人画有着显著的区别，他笔下的美人，从圆脸变成了瓜子脸，而且还"瘦身成功"，一个个腰如柳细，身材修长，优雅纤弱。看来，随着年龄的增长，北斋此时喜欢又高又瘦还长着一张瓜子脸的美人。当然，这只是一种猜测，北斋画风的转变更多还是因为其绘画技法的丰富与提升。在春朗时期，他还处于求学阶段，画法更接近于老师胜川春章。而现在，北斋的作画水平已然炉火纯青，且由于他成了一名自由画师，不再受流派画法的限制。因此，他可以随心所欲地用画笔描绘出自己心目中的美人。

北斋的美人绘受到了江户人的热烈追捧，许多出版商和老百姓都觉得他笔下的美人简直是西施坐飞机——美上天了。北斋也一跃成为江户最炙手可热的美人绘画师，由于这一时期北斋笔下的美人曼妙婀娜且独树一帜，后世专门为北斋这一时期的美人绘起了一个名字，叫"宗理风美人"。

‖ 葛饰北斋
酸浆果 约 1798 ‖

‖ 葛饰北斋
千里望 1798 ‖

《酸浆果》是一幅非常有趣的大首绘，画中一人在梳理头发，另一人在摆弄着小镜子，而她们口中的浆果则将嘴唇自然撑开，构成了北斋美人绘的典型标志——微张的小口。

《千里望》是北斋美人画的代表作（右图），人们乍一看容易将它误认为是歌麿作品的大首绘。但细看画中人的容貌，则与歌麿笔下的美人有着天壤之别：白皙的皮肤，瘦长的脸颊，樱桃般的小嘴，精致的细节刻画，难怪鲁迅先生曾说北斋的画最适合中国人的眼光。

是什么让他抛弃了美人

北斋的美人画有一个特点，那就是不光有美人，还有美景。与以往画师突出前景、简化背景的做法不同，还在狂歌绘本绘制时期，北斋就热衷于用细腻的笔触刻画复杂多样的环境与引人入胜的美景，他笔下的"美景"也慢慢走入他的美人画中，并从美人的背后逐渐走到身前。最后，甚至直接把美人"踢"出了画框。

在早期的浮世绘作品中，美人绘与役者绘是浮世绘创作的主流。不过，可能是人们看美女看腻了，也可能是日本旅游热潮的兴起，形形色色的风景画开始逐渐受到江户人的偏爱。与美人画相比，风景画有着更为开阔的视野，包含着更加丰富的元素，在让江户人眼前一亮的同时，也为北斋的创作带来了新的思路。新世纪有新气象，随着19世纪的到来，北斋抛弃了美人绘与役者绘等传统的浮世绘题材，开始潜心研究风景画。

在北斋之前，浮世绘领域的风景画高手也有很多，他们的画风各不相同。北斋充分学习他们的长处，并在创作中融合了包括中西方绘画在内的多种绘画技巧，以江户的自然与人文风景为题材，绘制出了一幅幅具有"北斋特色"的风景画。

‖ 葛饰北斋 樱花下的富士山 1801—1805 ‖

《樱花下的富士山》是北斋最早的关于富士山的作品之一，也是一幅非常美丽的作品，古朴的枝丫托起烂漫的粉色樱花，而一团团的樱花又簇拥着雪白的富士山。在构图上越靠近富士山的樱花颜色就越浅，这使得位于近景的樱花与位于远景的富士山似乎融为一体，让整幅作品散发出一种如梦幻般的浪漫气息。

葛饰北斋的诞生

北斋自己亲口说他是50岁才生下来的。北斋这么说，可能是认为自己的画风是这时候才成熟的。而"葛饰北斋"这个名字确实也是在这个时候才出现的。没错，他又换名字了！

北斋是实实在在的"改名狂魔"，由于他的创作风格过于丰富，且不断变化，因此后世的研究者通常会用北斋不同时期的名字来划分他的创作阶段。而实际上，北斋的风格变化远追不上他的改名速度，在改名"北斋辰政"的七年后，北斋又把名字改为后来最广为人知的"葛饰北斋"，其中的"葛饰"二字代表的是他的出生地——葛饰郡。

‖ 葛饰北斋　木舟冲浪图　1805 ‖

木舟，巨浪，远山，在这幅北斋早期的风景画中，人们已经能隐约看到《神奈川冲浪里》的影子，不过可以看出，此时北斋笔下的巨浪还带着一丝拙气。

关于北斋频繁改名的原因，有一种说法是因为他长期处于穷困潦倒的状态，没钱的北斋为了生活只能将自己那些出名的画号卖给别人换钱。根据常理来说，像北斋这么厉害的画师，应该不会挣不到钱，事实上，北斋确实能挣到不少钱。真正让他穷到卖自己"名字"的原因，不是挣得少，而是花得多。在江户时代，好的颜料是非常昂贵的，北斋经常花重金购买非常珍贵的颜料，这使得他入不敷出。不过孔子说得好，"工欲善其事，必先利其器"，也正是由于北斋对于艺术的这份尊重，我们现在才能欣赏到一幅幅的浮世绘旷世佳作。

其实，"卖名字赚钱"顶多只能算是北斋频繁更名的次要原因。北斋的一生是上下求索的一生，他对于艺术的追求永无止境，他从不满足于自己所取得的成就，也从不安于自身所处的"舒适圈"，甚至在晚年的时候，北斋还谦虚地说自己连一只猫都画不好。纵观北斋的一生，我们可以发现他一直在寻求绘画技巧与绘画类型的突破，而伴随他绘画风格改变的，正是他的名字。也正是这一个个昭示着"发展""创新"与"突破"的名字，以及这些名字背后的励志故事，最终把葛饰北斋推向了浮世绘的巅峰。

"匠人" + "犟人"
= 葛饰北斋

浮世绘劳模是怎样炼成的?

在浮世绘领域,北斋不仅是"天才中的天才",还是"劳模中的劳模"。北斋的创作热情与工作强度在同行中是非常拔尖的,他一生共创作了 3 万多幅作品。如果从春朗时期北斋正式发表作品开始算的话,那么他平均每天都要完成一幅作品还不止,而且他涉足的浮世绘类型丰富多样,从花草树木到美人武者,几乎囊括了浮世绘的所有类型。在"葛饰北斋"时期,北斋的创作方向又发生了一些变化,他开始为热销小说绘制插图。

有人可能要问了:小说畅销关浮世绘画师什么事啊?你要这么问,那可就太不了解江户老百姓的文化"下限"了,江户老百姓虽然有文化,但不多。所以,对他们来说,缺少图片辅助的话,他们根本看不下去稍微长一点儿的小说。北斋为小说绘制的插图不仅产量大,而且质量还高,因此备受读者和出版商的好评,甚至有人说,不是北斋配图的书他们就不看。

百姓的推崇使得北斋的订单量急剧增加,订单最多的时候他经常工作到半夜三更,有时甚至通宵作画,简直就像是走火入魔了一般。小说插图的绘制是一个大工程,非常熬人,但北斋在作画时,精力比跑轮儿上的仓鼠还要旺盛,从他那一张张精美且风格独特的配图中可以看出,对于这项工作,北斋是乐在其中的。

‖ 葛饰北斋 新编水浒画传插图 19 世纪初 ‖

说到古代小说，大家最先想到的是什么呢？我想大多数人肯定会回答"四大名著"。其实，如果你要问江户人这个问题的话，得到的答案很可能也是一样的，因为四大名著在日本有很多拥趸，而北斋就是其中之一，他熟读四大名著其中的三本（由于北斋没有为红楼梦画过插图，因此这样猜测），并为其绘制了大量的插图。

‖ 葛饰北斋 新编水浒画传插图 19 世纪初 ‖

犟户城第一犟——"北斋犟"

作为天下第一"犟"国的中心，江户城自然汇集了天下最多的"犟人"，而在这个名副其实的"犟户城"中，站在"犟人"顶峰的，就是我们的主角——北斋犟。

北斋做人奉行"严于律己，严于待人"的原则，他不仅严格要求自己，还严格要求别人；不仅严格要求合作伙伴，甚至还严格要求客户。作为乙方的北斋，经常向作为甲方的出版商和委托人提出各种要求，比如请技术更好的雕版师傅，调整配图的数量以提升报酬。

北斋还经常擅自更改委托人的要求，理由则是帮助他们提升审美水平。出版商从没见过要求这么多的画师，但江户人都说了，不是北斋配图的书他们不看。因此，为了挣钱，出版商也只好低声下气地多番迁就作为"乙方"的北斋。

对于北斋的犟脾气，出版商能忍，但有人可忍不了，在这犟人云集的"犟户城"，脾气大的人还真不少。

当时江户最受欢迎的作家是曲亭马琴，他的人气同样非常高。据说，在他写一本畅销小说的时候，雕版师傅就日夜蹲守在他家门口，每当他写完一页时，雕版师傅就立马拿去雕刻，印刷所也开足马力。每当曲亭马琴写完一册时就立刻装订发售，即便是一万册新书也会在很短的时间内销售一空。

在通俗小说大行其道的那段时间，葛饰北斋与曲亭马琴这对最受欢迎的插画师与最受欢迎的作家之间的合作也成为一种必然。两人共同创作出许多优秀的作品，这对于读者来说是一种幸运，但对于这俩人来说可不见得。

这俩人在相互成就的同时，也互相添了不少堵，因为曲亭马琴同样是个远近闻名的"犟人"。

在合作期间，北斋经常会住在曲亭马琴的家里，这本来是为了方便交流，结果却方便了二人的"互怼"。北斋在绘制插图时经常违背曲亭马琴的意愿，这让曲亭马琴十分不满，两人时常会因为这种问题争吵不休。据说，有一次，曲亭马琴非要北斋画一个嘴里叼着草鞋的人，北斋直接回绝了，理由是"让人觉得恶心"。曲亭马琴气坏了，坚决要北斋画，北斋则表示如果马琴能够叼着草鞋做模特儿的话，自己就能画。

由于北斋的吵架经验与技巧更胜一筹，他总能在一场场的争吵中获得最终的胜利（最主要的原因还是出版商们得罪不起北斋），胜利的标志是曲亭马琴虽然称赞北斋是全日本最好的插画师，但后来他见了北斋还是会选择绕着走。

北斋赢了吵架，输了马琴，这对"镀金搭档"的关系最终走向了破裂。葛饰北斋与曲亭马琴、高井兰山合作而成的《新编水浒画传》，则于 1805 年开始出版。

‖ 葛饰北斋 新编水浒画传插图 19 世纪初 ‖

巧妇"能"
为
无米之炊

这也能叫画纸？

如果把浮世绘比作烹饪的话，北斋无疑是一位"巧妇"，而且还是一位无所不能的"巧妇"，一位真"能"为无米之炊的巧妇。

之所以说北斋无所不能，是因为他经常能完成一些常人难以想象的"壮举"。比如，光北斋用过的"画纸"就千奇百怪，说出来都能惊掉人们的下巴。

1804 年的一天，江户护国寺的庭院四周挤满了人。在庭院中间，有一个人正在弯腰作画，之所以他能吸引这么多人的围观，是因为画家用来作画这个画纸可不一般：它足足有二百多平方米！

而在纸上专心作画的人，正是葛饰北斋。由于画纸太大，江户根本没有与之相匹配的画笔，于是，北斋只能用一把大刷子作画。等到画作完成时，周围的"吃瓜群众"还不知道北斋在纸上画了什么。答案随着这幅画被高高挂起而揭晓——这是一幅巨型的达摩祖师半身像。如果我们能穿越到那一天的护国寺的话，一定也会被北斋的杰作深深震撼。

如果说二百多平方米的画纸起码还算是画纸的话，那么下面的"画纸"就更离谱了。

在画画方面，北斋这名"巧妇"能为"有米之炊"，只不过这里的"米"不是比喻，而是实实在在的大米粒。据说，北斋曾在友人面前，在一个米粒上画了两只栩栩如生的小鸟。

如果把北斋画的小鸟放到他之前画的那张达摩半身像上的话，这鸟可能还没达摩祖师的毛孔大。

画画不需要笔，甚至不需要人！

我记得在念小学一年级的时候，有篇课文叫《雪地里的小画家》，内容大概是下雪了以后，学校里来了一群"小画家"，小鸡画竹叶，小狗画梅花，……而北斋的一次艺术创作则与这篇课文的内容十分相似，而这次创作经历也再次证明了北斋在绘画领域的强大实力，因为北斋画画居然可以不用笔，甚至还可以不用"人"。

有一次，时任幕府将军的德川家齐举办了一场绘画表演赛，参赛的都是江户颇有名气的画师，其中最有名的当属葛饰北斋与有着"画坛巨擘"美誉的谷文晁。等到了他们二人一决高下的时候，将军、谷文晁以及现场的其他人都被北斋的行为惊得目瞪口呆，因为站在画纸前面的北斋，手里拿着的并不是画笔，而是扫帚和鸡笼。

历史经验告诉我们，在江户时代，一般没有人敢在幕府将军面前冒险表演，但北斋可不是一般人。

只见北斋闲庭信步地走到一个装有蓝色颜料的大桶前，用扫帚使劲儿蘸了蘸颜料，又用扫帚在画纸上"画"了几道波纹，之后，就是表演真正"鸡术"的时刻了。北斋从鸡笼里拿出两只公鸡，把它们的脚蘸满红色的染料，然后将它们放在画纸上，等两只鸡溜达得差不多了，北斋走到将军面前，恭敬地说道："我画的是隅田川上的红叶。"待将军仔细看去，蓝色波纹上那一个个鸡爪子印上去的红色印记，不正是不远处隅田川上漂浮的片片枫叶吗？

别人画画用笔，北斋画画用"鸡"，最后居然还完成了这样一幅意境深远的作品，将军非但没有怪罪北斋的"失礼"，反而对北斋大加赞赏，北斋也毫无疑问获得了这场比试的胜利。

俗话说"有钱能使鬼推磨"，但北斋用亲身经历告诉我们："有才能使磨推鬼。"

搬家达人
的
"颠沛"人生

比搬家更累的事是什么？

北斋一生有很多"壮举"，绘画只是其中一部分。

北斋这一生，绝对配得上"居无定所"四个字。他不仅是绘画界和改名界的"劳模"，而且还是搬家界的"劳模"，北斋一生搬家的次数绝非寻常人能比——足足 90 多次。

一生搬了 90 多次家，北斋难道不怕累吗？答案是"怕"，正是因为北斋怕累，才选择频繁搬家。因为在他心中，有比搬家更累的事，那就是——"打扫卫生"。

北斋的家里常年塞满三样东西，分别是人、画稿和垃圾。当然，这并不能说明北斋就一定不爱干净，许多记载都证明：作为脏乱差制造者的北斋忍受不了脏乱差的环境，因此频繁搬家。北斋搬家有两个特点：一个是"次数多"，一个是"换房不换地儿"。北斋虽然搬了这么多次家，但始终都没有离开江户。

关于北斋频繁搬家的原因，还有一种说法，那就是北斋非常喜欢 100 这个数字，他做什么都想达到"100"这个数字。因此，迁居百次也是他的目标之一，这个说法放到"犟人"北斋身上倒也有几分可信。

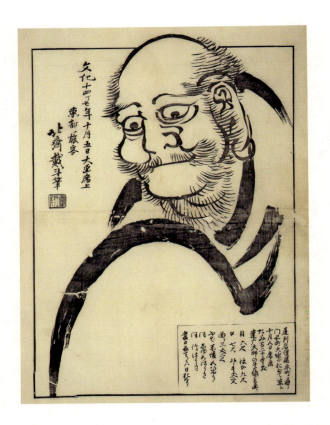

　　在北斋的搬家"壮举"中，最倒霉的就当数江户的"房东"们了。举个例子，在"颠沛流离"了几十年后，北斋最后又搬回了自己第一次租房子的地方，而这个地方居然还没租出去。原因就是北斋当年在房子里遗落了太多的垃圾，这么多年间，根本没人愿意住进来。

　　那么问题来了，北斋的家有干净的时候吗？答案是：有，那就是他不在家住的时候。1812 年左右，北斋离开了江户，旅行去了。当然，在这次旅行之前，北斋也没忘了自己"改名狂魔"的人设，在 1810 年的时候，他又给自己改名为"戴斗"。就这样，北斋带着新名字，踏上了浮世之旅。

　　这次旅行对于北斋来说更像是一次关于浮世绘的"修行"，他用画笔记录了旅途中的所见所闻和风土人情，没有了事儿多的幕府和唯利是图的出版商，北斋的创作无拘无束，他看见什么就画什么，想画什么就画什么，创作十分自由。他的画稿中既有花鸟鱼虫，也有名山大川，还有旅途中形形色色的过客。在旅行期间，北斋还有一个"意外收获"，那就是从喜多川歌麿那里"撬"来了一个有钱的学生，名字叫牧墨仙。说"撬"其实有点不太合适，牧墨仙早就倾慕北斋的才华，因此，当遇到旅途中的北斋时，牧墨仙便毅然决然地转投到北斋门下。牧墨仙这个人很重要，他不仅是北斋的学生，还是北斋的赞助商和智囊。

第一本漫画的诞生

漫画，想必大家都不陌生，它承载着许多人的童年回忆。日本漫画在世界上具有很强的影响力，拥有很多拥趸，而日本现代漫画的鼻祖，不是别人，正是葛饰北斋。

在"修行"期间，北斋应学生牧墨仙之邀，在名古屋牧墨仙的家中居住了一段时间，在这位"富学生"的友情赞助和出谋划策下，北斋把自己旅行中绘制的大量画稿整理成册，并与名古屋的两家出版商合作，出版了世界上第一部名字中带有"漫画"二字的画册——《北斋漫画》。

‖ 葛饰北斋 《北斋漫画》（首册）1814 ‖

《北斋漫画》是以"绘手本"的形式出版的。所谓"绘手本"，简单来说就是绘画范本，现实一点去理解就是绘画教材，玄幻一点去理解就是"武功秘籍"。

绘手本的特征从上面《北斋漫画》的内容能够明显地看出来，书中每一页都是形象各异人或物，但这些人或物之间是独立存在的，并没有形成一个整体构图，这是绘手本与其他绘画作品最主要的区别。此时的北斋已经是远近闻名的浮世绘流派——"葛饰派"的掌门人了，他的"武功秘籍"自然大受欢迎。于是，《北斋漫画》在后来又追加出版了15册，成为江户时期最畅销的系列书籍之一。《北斋漫画》有多畅销呢？这么说吧，一直到北斋驾鹤西去，这本书都还在"热销"。

‖ 葛饰北斋 《北斋漫画》（首册）1814 ‖

　　这一组组漫画不仅能当绘画练习素材，甚至还可以用来学习跳舞，至于这舞蹈是不是正经的江户舞蹈，我们就不得而知了。

‖ 葛饰北斋 《北斋漫画》（第三册）1815 ‖

　　《北斋漫画》的内容五花八门，既有江户平民的生活，也有山河鸟兽，异域风情，甚至还有神话人物和妖魔鬼怪。

　　《北斋漫画》的成功给了北斋创作绘手本的动力。在"戴斗时期"，除了《北斋漫画》之外，他还创作了《略画早学》《三体画谱》等一系列绘手本，北斋也迎来了自己人生中的第二个创作高峰期。

争强好胜且缺钱的"铁棒滑滑"

　　我们在前面曾列举过北斋的"曾用名"，我猜肯定有人对"铁棒滑滑"这个名字感兴趣，它是北斋在"戴斗期间"使用过的名字之一。说起这个名字，就不得不提到老江户人的传统爱好，浮世绘的重要组成部分，绕不开也不能细说的艺术类型——春画。

春画在名义上是被幕府禁止发表和流通的。不过，在当时的江户，越不让卖的东西反而卖得越贵，在幕府的"春画"禁令下，"春画"的市场价格翻了好几倍。为了挣钱，浮世绘画师几乎个个修炼成了春画高手，为了不被幕府抓到把柄，他们通常不在春画作品上署名，或者署一个平时不用的名字。有赚钱的机会自然不会落下缺钱的北斋，而"铁棒滑滑"就是北斋在画春画时所署的名字。

由于春画的需求量十分庞大，因此，许多浮世绘画家在该领域大展身手，竞争激烈，这自然激发了北斋的斗志，他不甘人后，不断革新春画的绘制技术，甚至不吝惜用金银给作品上色。以北斋为首的一众画师也将春画推向了一个本不属于它的艺术高度。

1820 年，北斋再次改名。这次，他给自己取名为"为一"。"为一"这个名字一听就带着一种"宗师风范"，非常不一般。而事实也正是如此，北斋就是在"为一"时期，迈出了到达浮世绘巅峰的最后一步。

这张画被认为是 60 岁的北斋的自画像。

‖ 葛饰北斋　渔夫图　1822 ‖

在"为一"时期，北斋仍旧坚持绘手本的创作。对于北斋来说，绘手本创作与其说是工作，不如说是爱好，至少以我们现在的目光来看，这类作品确实是挺有意思的。

北斋与他的"富士绘"——《富岳三十六景》

"浮世绘之王"竟然是它？

　　相比于同时代的画家，北斋有一个十分突出的优点，那就是活得久。北斋的寿命几乎是当时江户人平均寿命的两倍。"长寿"让北斋有更多的时间去观察世界、感悟生命以及尝试更多的绘画技法，而北斋向长寿之神交出的答卷，则是自己一生的巅峰之作——《富岳三十六景》。

　　当然，《富岳三十六景》其实名不副实，因为这一系列作品太受欢迎了，所以后来又追加画了 10 幅。

‖ 葛饰北斋　富岳三十六景·神奈川冲浪里　1831 ‖

《神奈川冲浪里》与《凯风快晴》堪称北斋一生中最伟大的两幅画作。作为最著名的浮世绘作品，《神奈川冲浪里》尽显潇洒、张扬之美，而与之形成鲜明对比的，则是《凯风快晴》的平和与内敛。如果说《神奈川冲浪里》是浮世绘作品中最勇猛的战士的话，那么《凯风快晴》就是其中阅历最深的哲学家。

‖ 葛饰北斋　富岳三十六景·凯风快晴　1831—1833 ‖

《凯风快晴》是《富岳三十六景》中最抽象的一幅，它描绘的是夏季清晨的富士山，作品名字中的"凯风"指的就是夏季的南风。在这幅画中，北斋破天荒地将富士山作为画面的"绝对主角"，他几乎抛弃了除富士山外的一切景物，只剩下湛蓝的天空和层层的卷积云，在诉说着这是一个好天气。而画中那无形的"凯风"，似乎能吹出画纸，轻轻拂去我们心头的阴霾。

《凯风快晴》中的富士山也与我们印象中的样子不太一样，它被朝霞染得通体赤红，这幅画也因此得名"赤富士"。画中山顶的道道雪痕则"画龙点睛"般地将富士山的"雪顶"以一种别样的方式呈现在人们眼前。至于山脚，北斋只用一个个"墨点"就将密林形象地勾勒了出来。

那么，红色的富士山真的存在吗？答案是：存在。

日本人将"赤富士"视为吉祥好运的象征，这一景象可不是寻常能看到的，甚至一年也出现不了几次，但北斋能活啊，这吉利的景象他估计没少见。看得越多运气越好，运气越好活得越久，活得越久看得越多。好家伙！实现良性循环了。《凯风快晴》淋漓尽致地体现了抽象与形象是如何完美地融合在一起的，画面表现形象生动且意境深远，它对于西方印象主义绘画也具有重要的影响。因此，这幅画也被人们冠以"浮世绘之王"的美誉。

回过头来再看这幅画，我满脑子都是电影《追捕》中的一句台词：走过去，你就会融化在蓝天里⋯⋯

关于北斋遭雷劈这件事

北斋曾给自己取名为"雷震"，目的是希望自己的名声和雷声一样响彻四方，但北斋后来的经历告诉我们，起名须谨慎。正所谓"念念不忘，必有回响"，北斋确实听到了上天的回响，只不过，响的声音有点大——北斋被雷给劈了。

正所谓"大难不死必有后福"，北斋是幸运的，挨了雷劈的他不仅毫发无伤，而且还很能活。因此，如果打个有趣的比方的话，这次"雷劈事件"就像是给北斋的生命"充了次电"。北斋"充电"的时候心里在想什么我们已经无从得知了，但喜欢思考人生的他应该是从中悟出了一些人生哲理，要不然，他笔下的雷电怎会如此传神？

‖ 葛饰北斋 富岳三十六景·山下白雨 1831—1833 ‖

从构图方式上来看，《山下白雨》与《凯风快晴》简直就是天生的一对儿，不同的是，《山下白雨》中的景象可不平和，虽然富士山顶还是晴空万里，但山脚下却正在被黑云笼罩，经历着狂风暴雨，电闪雷鸣。因此，与"赤富士"相对应，《山下白雨》被称为"黑富士"。同时，这幅画与《神奈川冲浪里》《凯风快晴》被列为"浮世绘三大传世名作"。

在《山下白雨》中，虽然巍峨的富士山几乎填满了整张画纸，但更为引人注目的则是右下角的"显眼包"——闪电。这同样是一个瞬间，一个霹雳爆裂的瞬间，就像《神奈川冲浪里》中高高卷起、将落未落的巨浪一样，北斋再次将一个瞬间定格为永恒。而画中这道"比例失调"的显眼包闪电，则写意地描绘出这场雷雨的猛烈。同时，彰显着北斋对于自然与艺术高深的审美理解。

《富岳三十六景》除了"红黑富士"外，都有明确的取景地点，但北斋对于闪电那传神又生动的描绘让我不禁猜测，《山下白雨》的取景地没准就是北斋遭雷劈的地方。或者说，在画中的这个瞬间，北斋可能正在那道闪电底下，脑袋瓜子嗡嗡响呢！

位于东京墨田区的北斋美术馆的标志，正是《山下白雨》中的闪电。

当天空与大海有了颜色

《富岳三十六景》在当时大获成功还有一个重要原因，相信大家看了下面几幅作品后就会找到答案。

见此图标 微信扫码 /入梦江户时代，看遍人间万象。

❋ 这是从前的风景画：

‖ 喜多川歌磨　画名不详　时间不详 ‖

‖ 葛饰北斋　富岳三十六景·两国夕凉　1801—1803 ‖

百年灿烂光河下的浮世绘三杰

※ 这是北斋的《富岳三十六景》：

‖ 葛饰北斋　富岳三十六景·上总海路　1830 ‖

‖ 葛饰北斋　富岳三十六景·武州玉川　1830 ‖

‖ 葛饰北斋　富岳三十六景·甲州石班泽　约 1830—1831 ‖

‖ 葛饰北斋　富岳三十六景·东海道江尻田子浦略图　1832 ‖

‖ 葛饰北斋　富岳三十六景·相州仲原　1830 ‖

没错！就是颜色，特别是天空和大海的颜色，在《富岳三十六景》中，天空与大海终于有了属于自己的那一抹蓝。这一抹蓝色可是大有来头——它的名字叫作普鲁士蓝，是从中国传到日本的，这稀罕玩意儿一面世就惊艳了朴实的老江户们。北斋虽然不是第一个使用普鲁士蓝的，但却是第一个这么舍得用普鲁士蓝的。之所以这么说，是因为普鲁士蓝这种颜料的价格非常昂贵，画师和出版商为了省钱不敢多用，但这对于北斋来说根本不叫事，因为不怕花钱的他遇到了很会赚钱的出版商——西村屋与八。

　　永寿堂的老板西村屋与八发现了普鲁士蓝的商业价值，于是不惜花费重金来批量印刷北斋的这一套风景绘，他也因此挣了个盆满钵满。

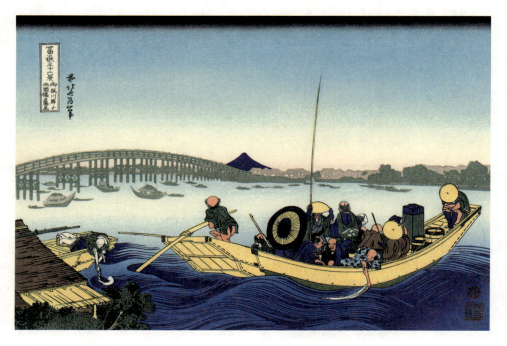

‖ 葛饰北斋　富岳三十六景·御厩川岸见两国桥夕阳　1830 ‖

风的形状

　　"风"，本是看不见摸不着的，但在《富岳三十六景》中，北斋却用画笔将"不同样子的风"形象地描绘了出来。

❶这是和风……

‖ 葛饰北斋
富岳三十六景·江都骏河町三井见世略图　1831 ‖

‖ 葛饰北斋　富岳三十六景·东都浅草本愿寺　1830 ‖

　　细看画中风筝飘带飞舞的样子，以及天空中飘浮的朵朵白云，就能得出结论：现场刮的绝对是二级风！

❷这是狂风……

‖ 葛饰北斋　富岳三十六景·骏州江尻　1831 ‖

　　《骏州江尻》的构图非常精彩，北斋仅用一笔就将富士山勾勒出来，这也是《富岳三十六景》中最为"写意"的富士山。画面近处正在狂风大作，纸张离开了包裹，斗笠离开了脑袋，树叶离开了树枝，它们都自由了。赶路的人们则慌乱不堪，纷纷低头躲避大风。而颜色逐渐加深的树冠和深褐色的天空则似乎在告诉人们："快找地儿躲躲吧，这风一时半会儿可停不了！"

在这幅画中，我们似乎能看到风的样子，甚至连风声都打破次元壁，呼呼地刮到了我们的耳边。

❸这是兜风……

‖ 葛饰北斋　富岳三十六景·隅田川关屋之里　1831 ‖

通过三组人马的对比以及衣服随风飘动的幅度，北斋画出了"速度"这一抽象的概念，让人不禁想问：这仨人这么着急去干吗？

我们虽然不知道他们急着去干吗，但我知道他们三个人一定会交好运，理由就在《凯风快晴》之中。

真正的"浮世之绘"

富士山，日本人心目中的"神山"，也是大和民族的精神图腾，在日本素有"不死之山""不二之山"等美称。这里的"不二"指的是"独一无二"。因此，《富岳三十六景》

中许多画作名字中的"不二"其实指的就是富士山。

　　《富岳三十六景》之所以是经典之中的经典，还在于北斋并没有将富士山高高抬起放在一个神圣不可触摸的位置，而是将它与市井万象和芸芸众生融合在了一起。在北斋的画笔下，亘古不变的富士山矗立在那里，静静观瞧着这世间的沧海桑田与浮生百态，诉说着一种蕴含在平凡之中的伟大与永恒。因此，《富岳三十六景》堪称一部真正的"浮世之绘"。

‖ 葛饰北斋　富岳三十六景·本所立川　1830 ‖

　　《富岳三十六景》系列不仅是伟大的艺术作品，它们还像是一张张的老照片，记录着江户的平凡往事。从《本所立州》右下角的字我们可以看出，这幅画展示的是木材置放场工人忙碌的情景，而右下角的那些字也并不是北斋随意写上去的，那些都是他的"甲方"。

　　《五百罗汉寺荣螺堂》最精彩的地方就在于构图，观光客的目光、左边小哥的手指、屋檐的尖角、地板与墙板的纹路，都指向了位于画面中轴线上的主角——富士山，就连看画的我们，目光也被强行拉向了富士山，仿佛我们就在现场，站在这些观光客的背后一样。再看富士山旁那高耸的"黄色柱子"，这会不会就是《本所立川》中的木材置放场呢？

‖ 葛饰北斋
富岳三十六景·五百罗汉寺荣螺堂　1830 ‖

与《五百罗汉寺荣螺堂》类似，《东海道吉田》同样展现出北斋高超的几何构图能力，白雪皑皑的富士山与蔚蓝的晴空就像是一幅画，被镶嵌在了由门框和窗台组成的画框之中。

《隐田水车》是《富岳三十六景》中最富生活气息的一幅画，画中的人们在水车旁进行着再平凡不过的活动：女人刷木桶，男人扛麻袋，小孩遛乌龟，这一派祥和安乐的田园风光，颇有世外桃源的韵味。再细看水车中那线条勾勒出的涓涓流水，还有"大浪"那般汹涌可怖吗？

‖ 葛饰北斋　富岳三十六景·尾州不二见原　1831—1833 ‖

　　这是《富岳三十六景》中用色最为清新明快的一幅画，北斋用亮丽动人的色彩绘出了天空、田野与草地，同时他还对周围环境进行了简化处理，让画中的一切变得那么清朗恬静。画中，一个男人正在修补一个大桶，这个桶可真不小，居然把修补匠和富士山一起装了进去。

‖ 葛饰北斋　富岳三十六景·常州牛堀　1830 ‖

‖ 葛饰北斋　富岳三十六景·甲州三岛越　1830 ‖

《常州牛堀》是一幅看了就让人浑身发冷的作品，天地一片素淡，一叶扁舟停泊其间。在这幅画中，北斋再一次发挥了他"善于定格瞬间"的本事：在一个寒冷的清晨，画中人倒水的声音"惊起一滩鸥鹭"，不过，好在这哥们倒的不是核污水。《甲州三岛越》可以说是《富岳三十六景》中最诙谐可爱的一幅画了，几个旅人手拉手围成一个圈，在丈量着一棵"画纸都装不下"的大树的"腰围"，一旁叼着烟斗休息的人和远处头顶祥云的富士山仿佛都在感慨："唉，男人至死是少年啊！"

‖ 葛饰北斋
富岳三十六景·东海道程谷 1830 ‖

《东海道程谷》最吸引人的地方莫过于这一排参天老松了，由它们那沧桑优雅的躯干组成的"幕布"缓缓拉开，壮美的富士山出现在人们眼前，但赶路的人们却无暇观瞧这美景。

轿夫们累得满头大汗，坐在地上休息。乘马之人把头埋在斗笠之中，似乎在思考，也可能是睡着了，关于他的职业，以后你会猜得出来。虚无僧则头顶"天盖"，与其他人逆向而行，也许别人所追逐的，是他早已放弃的东西。而被富士山所吸引的，只有那牵马的汉子和有着一双善于发现美的眼睛的我们。下面我们来欣赏《富岳三十六景》中的"颜值巅峰"。《东海道品川御殿山不二》是一幅非常"美丽"的作品，毕竟富士山与樱花简直是绝配。在这幅画中，北斋的构图与色彩处理一如既往得巧妙。众所周知，樱花之美，在于花开烂漫而呈粉白色的海洋，但如果如实作画的话，就会很容易影响原本的构图以及富士山的呈现。大家认为该如何解决这个难题呢？反正我是想不出来。

这难得住我，却难不住北斋，他硬是把樱花树的枝丫给掰开了，还把树干拉长了！北斋的这种画面处理方法，在保证了樱花树中心位置的情况下，还能够将富士山完整地呈现在人们面前，同时让前景的视野更加开阔，以便描绘热闹的赏樱景象。

那被"掰开和拉长"的樱花树还能保留其原本的美吗？北斋给出了满分答案，他隐没了勾勒樱花的线条，将一团团粉色挂满枝丫的顶端，在视觉上扩大了樱花的面积，不仅做到了对于樱花的神形还原，还透出一股东方的古朴雅致之美。同时，北斋选择用淡淡的蓝色来填充天空与大海，与"没线"处理的粉色樱花相得益彰，使得春天的气息扑面而来。

‖ 葛饰北斋　富岳三十六景·东海道品川御殿山不二　1830 ‖

老一辈艺术家"植入广告"的从容

‖ 葛饰北斋　富岳三十六景·东海道金谷不二　1830 ‖

　　这幅画就有意思了，在日本，以江户（东京）为首的关东地区与以大阪为首的关西地区向来互相看不上，江户幕府的"大聪明们"为了防止关西大名造反打过来，于是想到了一个"好主意"：把桥拆了。

　　幕府把大井川上的桥给拆了，还不允许人们私自摆渡，这可愁坏了老百姓。为了解决这个难题，人们开发了一种新型渡河工具：生物动能、自然吸气、智能寻路的人。

　　没错，人们只能靠"渡河卒"背着或抬着过河，这幅画描绘的就是渡河卒们忙碌的场景。这幅画同样也有一"最"，那就是广告最多。

看这里：　　　　　　　　　　　　这里　　　　　　　　　　　这里

这些是《富岳三十六景》的出版商"永寿堂"名字中的"永""寿"二字。

再看这里：　　　　　　　　　　和这里

画中类似三个蝌蚪的纹案就是永寿堂的标志。

　　不知大家是否还记得前面画过重点的"永寿堂"这个出版商，北斋早在学徒时期就与它建立了联系，双方可以说是"战略合作伙伴"了。

　　也许是出于多年的情谊，也许是迫于甲方的压力，在一幅画中，北斋就为"甲方"一口气植入了五个广告。不过，北斋的广告植入简直毫无违和感，毕竟，在"永寿堂"工作的员工怕画稿被水泡了，找人背着过河这事儿很合理吧。不得不说，老一辈艺术家"植入广告"的从容不得不让人佩服。

其实，除了刚刚介绍的这幅《东海道金谷不二》外，在本模块展示的这些《富岳三十六景》部分作品中，还藏着至少 10 个"永寿堂"的标志，不知你能否找到。

广阔的天地和脑洞

从蝴蝶腹部的绒毛，到千里之外的山海，都逃不出北斋的笔尖。

❶未曾谋面的人间仙境——《琉球八景》系列

‖ 葛饰北斋
琉球八景·城岳灵泉 1832 ‖

‖ 葛饰北斋 琉球八景·龙洞松涛 1832 ‖

‖ 葛饰北斋 琉球八景·泉崎夜月 1832 ‖

琉球与江户远隔重洋，在绘制《琉球八景》系列的时候，北斋已经 73 岁了，在当时极不便利的交通条件下，北斋是怎么到达琉球的呢？答案是：他根本就没去过。别说 70 多岁了，北斋一辈子都没去过琉球，他是根据从中国传入日本的图书《琉球国志略》中所描绘的景象画出这一系列如人间仙境一般的风景绘的。所以，多读书真的很重要。

目中无竹而胸有成竹，北斋简直就是浮世绘界的"儒勒·凡尔纳"。

‖ 葛饰北斋　琉球八景·荀崖夕照　1832 ‖

‖ 葛饰北斋　琉球八景·中岛蕉园　1832 ‖

‖ 葛饰北斋　琉球八景·粂村竹篱　1832 ‖

❷ 有形，有意，有趣——《大判花鸟集》

‖ 葛饰北斋　大判花鸟集·菊花与虻　1833—1834 ‖

如果给这幅画起个小名，应该叫"菊花开会"，北斋在一丛花中绘制了种类繁多的菊花，构图饱满却不杂乱，缤纷又不失清雅，不同种类的菊花被刻画得惟妙惟肖，差一点儿阅历和技术都画不成这样。

在上面这幅《牡丹与蝴蝶》中，花瓣与叶子的纹理都被描绘得细致入微，每一片花瓣与每一片叶子都是那样的自然，定睛看去，一股盎然的生机便从花丛中散发出来。同时，北斋再次拿出了自己的绝活儿——画出了"风"的样子。

北斋的花鸟画形象生动且意趣盎然，在他的笔下，各种花鸟虫不但逼真灵动，而且似乎还有了风姿，有了情感。与其说这些作品是花鸟画，不如说它们是花鸟的大首绘。北斋曾说，自己在73岁的时候才参透了鸟兽虫鱼的骨架，应该正是此意。

‖ 葛饰北斋　大判花鸟集·鸢尾花与蟋蟀 1833—1834 ‖

‖ 葛饰北斋　大判花鸟集·牵牛花与树蛙　1833—1834 ‖

这两幅画将北斋花鸟画的意趣展现得淋漓尽致，粗心的人一眼看过去，甚至都找不到隐藏在花丛中的蟋蟀与树蛙。再细看那树蛙，一条腿还搭在花枝之上，其轻盈的体态被巧妙地呈现了出来。北斋的画在还原虫兽"拟态"特征的同时，带给观者一丝寻觅之趣，北斋的作品真可谓画得上瘾，看得也上瘾。

❹ "大浪"之水天上来——《诸国瀑布览胜》系列

　　"水"这一元素是北斋画作中的常客，纵观北斋的一生，他喜欢描绘不同形态的水，他的笔下，有江河湖海，有雨雪冰霜，而"瀑布"作为水流最壮丽的呈现方式之一，自然也赢得了北斋的青睐。

　　北斋在描绘瀑布时不光注重其"形似"，还注重其"神合"，再辅之以不同的景物搭配与视角选取，使该系列中瀑布的意境各有不同。

‖ 葛饰北斋
诸国瀑布览胜·下野黑发山雾降瀑布
1833 ‖

　　瀑布之大，画纸装不下。《下野黑发山雾降瀑布》是该系列中最出色的作品，在这幅画中，北斋并未画出雾降瀑布的全貌，但贯穿整幅画作的巨大水流、瀑布底端升起的雾气，以及画中人仰望的姿势，无不体现着瀑布的宏伟壮观。

这幅画中，北斋同样没忘记给出版商打一波广告。

从《木曾路深处阿弥陀佛之瀑布》的名字就可以看出，画中瀑布和佛教有着不解之缘。北斋选择用高远的视角来审视这个高达 60 米的瀑布，不仅画出了平时难以得见的瀑布的"顶"，而且北斋在描绘瀑布顶端时所采用的写意笔法，还为这幅画增添了几分"禅意"。

‖ 葛饰北斋　诸国瀑布览胜·木曾海道小野瀑布　1833—1834 ‖

‖ 葛饰北斋
诸国瀑布览胜 · 美浓国养老瀑布
1833—1834‖

‖ 葛饰北斋　诸国瀑布览胜 ·
木曾海道小野瀑布
1833—1834‖（局部）

‖ 葛饰北斋
诸国瀑布览胜 ·
美浓国养老瀑布
1833—1834‖（局部）

　　《木曾海道小野瀑布》与《美浓国养老瀑布》中的瀑布很容易让人想到《望庐山瀑布》中的那句"飞流直下三千尺，疑是银河落九天"。为了展现出这两座瀑布"刚劲""高大""雄伟"的特征，北斋特意将岩石画得棱角分明，画中房屋的轮廓，甚至是屋顶的茅草也都被做了直线化处理，瀑布顶端隆起的尖锐波峰既体现出水流的充沛，也进一步渲染出瀑布的刚劲。

见此图标 微信扫码 / 入梦江户时代，看遍人间万象。

‖ 葛饰北斋　诸国瀑布览胜·相州大山瀑布　1833—1834 ‖

　　《相州大山瀑布》中的瀑布非常有趣，与其说这是一处瀑布，不如说这更像是一个"露天澡堂"，从画中大量的"永寿屋"标志来看，说这是永寿屋的"企业澡堂"都不为过。

‖ 葛饰北斋 诸国瀑布览胜·和州吉野源义经马洗瀑布 1833—1834 ‖

　　《和州吉野源义经马洗瀑布》中的这座瀑布本身名气不大，但却蹭了日本古代战神"源义经"的名气，源义经是日本第一个幕府——镰仓幕府建立的最大功臣之一，但因功高震主而被幕府统治者、也就是他的哥哥源赖朝逼向了绝路，传说源义经逃亡途中曾在这里为自己心爱的坐骑洗澡。

‖ 葛饰北斋　诸国瀑布览胜·东都永田町瀑布　1833—1834 ‖

　　从规模来看，《东都永田町瀑布》中的"瀑布"很难称之为真正的瀑布，而在现实中，它也确实不是个瀑布。它实际上是村边的一个小堤坝，它能成为瀑布完全是因为北斋的脑洞。在有幸被大画家北斋加入"瀑布揽胜系列"之中后，这处"瀑布"也成了江户的"网红打卡点"。

番外篇
北斋的"克星"

北斋 VS "加强版"北斋

  北斋的脾气又"犟"又"怪",有时甚至因为观点不和而公开"怼"自己的朋友和同事,而且他的脾气随着年龄的增长越来越犟,因此他在平时与人相处的过程中简直就是"鬼见愁"。

  有一次,北斋接受了一个寺庙的委托,并在工作的过程中结识了一位画师,也是他的同事。但在一次合作过程中,北斋当着众人的面公然批评了自己这位同事的作品,让同事非常下不来台,两人因此不欢而散。北斋这脾气,想和他和平共事太难了,我觉得他这脾气只适合一个工作——幕府将军。玩笑归玩笑,出来混,迟早要还的。这不,"鬼见愁"北斋的"报应"终于来了,他遇见了一个旗鼓相当的对手,而这个人,正是他的女儿——葛饰应为,小名叫"阿荣"。为什么应为能"克"北斋呢,不光因为她是北斋的女儿,更重要的是,她简直就是一个"加强版"的北斋。应为继承了北斋大多数的优点和缺点,并成功将它们全都放大了。

  当北斋和"自己"相处时,他就知道有多难了。

121

北斋不爱打扫屋子，应为更不爱打扫。父女二人整天连饭都不做，直接买现成的来吃，吃饱了就把剩菜剩饭连同垃圾直接随处一丢，葛饰应为还比她爹吃得多。因此，北斋能获得"搬家狂魔"的称号也有他闺女一半的功劳。北斋犟，应为更犟，这对父女经常会在家中吵个翻天覆地。1824年，应为嫁给了同为浮世绘画师的南泽等明。

‖ 葛饰应为　三曲合奏图　1844—1854 ‖

在应为出嫁的短短三年后，北斋那颗放下的心又悬着了。

应为和南泽等明离婚了！准确地说，应为被老公给休了。这是怎么一回事儿呢？原来，随着应为的出嫁，北斋的苦日子是到头了，可南泽等明的苦日子来了。绘画天赋很高的应为经常批评丈夫的作品，并嘲讽他的绘画技术，自尊心炸裂的南泽等明最终忍无可忍，一纸休书把应为送回了北斋的身边。

女儿不顺的婚事愁坏了北斋这位老父亲，南泽等明的苦日子到头了，可北斋的苦日子又回来了。

北斋的"小铠甲"

不过，这回北斋的苦日子倒是与应为没太大关系，他先是经历了妻子的离世，然后他那嗜赌成性的外孙还帮他欠了一屁股的外债，最麻烦的是，北斋中风瘫痪了！

中风瘫痪这件事对于一位画家来说是致命打击，手脚不听使唤的北斋几乎要告别职业生涯了，这对于整个浮世绘艺术来说都是一次大危机，因为这时候，他还没画《富岳三十六景》呢！幸运的是，在应为的悉心照料，以及"镀金搭档"曲亭马琴的帮助下，北斋最后终于康复了。

不是每一个女儿都是父亲的"小棉袄"，就比如应为，她更像是北斋的"小铠甲"。应为虽脾气不好，做家务的水平和她父亲不相上下，但她也有一个过人的优点，那就是能够陪伴北斋征战"浮世绘"这片沙场，在做父亲"助手"的同时，应为自己的绘画水平飞速成长。

在浮世绘的某些领域，应为的造诣甚至超过了北斋。一向不甘人后的北斋就曾亲口说过："在画美人这方面，应为比我更胜一筹。"

江户伦勃朗

当然，葛饰应为的美人画画得好其实是有原因的，那就是"看得多"。她为了画好美人，竟然不顾形象，三天两头地跑去吉原。对于应为的行为，江户人简直都没眼看了。当然，应为可不是去吉原上班，而是去采风。应为可不在乎别人的看法，她的眼中只有绘画以及光影。葛饰应为留下的作品不多，但却获得了"江户伦勃朗"的称号。伦勃朗——将光影玩弄于股掌之间的一代宗师，他的《夜巡》被称为世界三大名画之一。而应为笔下的光影，同样精彩绝妙。

‖ 葛饰应为　吉原格子先之图　1844—1854 ‖

‖ 葛饰应为 夜樱美人图 约1844 ‖

葛饰应为的绘画风格与其他的浮世绘画师有着明显的区别，她深受西方绘画的影响，对于"光影"这一概念似乎有着超越时代的理解，这一点在这幅《吉原格子先之图》中体现得尤为明显：吉原，一个由光影组成的不夜城，在这里，光亮与黑暗永恒地纠缠在了一起，屋中人光鲜亮丽，身着华服，像商品般陈列在聚光灯下；屋外人欲念满盈，即便手提灯笼，也无法照出他们的面容。交错的光影以及光影中的人就这样被葛饰应为用画笔记录下来。当然，这幅画可没被炭灰熏过。

而关于北斋所说的，应为笔下的美人要超过自己，大家觉得呢？

葛饰应为对于光影有多痴迷呢？有一次，她住的街道上有房子失火，人们都着急忙慌地跑去救火，葛饰应为却爬到树上去看"火景"，原因是她被火焰映射出的跳动的光影所深深吸引了。从这件事可以看出，葛饰应为对于浮世绘已经达到了"痴"的境界。从这件事还可以看出，着火的不是她自己家。

要是葛饰应为家着火，她早就叼着毛笔跳窗逃跑了，还得哭喊着四处找人来救火。这可不是我们胡乱推测，因为，她家后来真着火了……

见此图标 微信扫码 / 入梦江户时代，看遍人间万象。

为画痴狂
的
一生

‖ 葛饰北斋　自画像　19 世纪中叶 ‖

"再给我五年的时间，我就能够成为一名真正的画家。"

——葛饰北斋

与北斋一同步入晚年的，还有江户幕府。

从 1830 年开始，日本就开始天灾人祸不断。到了 1832 年，更是出现了史上罕见的饥荒——天保饥馑，吃不上饭的老百姓和幕府日常"打成了一片"。而对于北斋来说，还有一件烦心事，那就是外孙债姥爷偿。没错，北斋都 70 多了，他那外孙的债还没还完呢！

江户是待不下去了，一方面为了躲债，另一方面为了求个清净，北斋决定外出躲债。他于 1834 年更名为"画狂老人卍"，跑出江户了。当然，这次"躲债"之旅并没有持续多长时间，北斋和女儿最后在饥寒交迫下又回到了江户。

虽然年迈的北斋这时的身体状况并不理想，但这阻止不了他画画的热情。继《大判花鸟集》之后，北斋又推出了这一系列的"续作"——《中判花鸟画》，这也是"画狂老人卍"时期北斋为数不多的锦绘系列之一。

125

该系列花鸟画有一个有意思的地方，那就是它们是"成对"创作的，标志则是两两呼应的背景色。

‖ 葛饰北斋　黄鸟与长春花　1834 ‖

‖ 葛饰北斋　子规与杜鹃花　1834 ‖

‖ 葛饰北斋　垂樱山雀　1834 ‖

‖ 葛饰北斋　芍药和金丝雀　1834 ‖

"画狂老人卍"是北斋的最后一个画号，这个名字很直观地反映了北斋晚年的心境，那就是又"老"又"狂"。在人生最后的十几年中，北斋的身体时好时坏，有时候头一天还爬山逛街呢，第二天就躺床上起不来了，但总体来看北斋的身体每况愈下，但他的创作丝毫未显疲态，且作品中多了一分阅尽沧桑的从容。

‖ 葛饰北斋　凤凰屏风图　1835 ‖

　　由于丰富的"转学"经历和对于浮世绘艺术坚持不懈地追求，北斋可以说是浮世绘艺术的集大成者，纵观他的一生，其创作几乎涉及了浮世绘的各个领域，真是一点儿也不偏科。

　　北斋早年在游走浮世绘艺术圈的时候顺便当过几年"琳派"的领袖，到了晚年的时候，这一"搞装修"的艺术类型成了北斋的重要工作内容。上面这幅画就是北斋晚年创作的屏风画，北斋笔下的动物有个特点，就是"拟人化"，特别是那充满了灵性的眼神。

　　北斋晚年的画风很波澜不惊，但他的生活却波澜起伏，他这一辈子就像那滔天巨浪一样，从来没有个平静的时候。北斋想"名声"响亮，然后他被雷给劈了，北斋想"火"，然后……他的房就被烧了。

　　1839年，一场大火席卷江户，北斋（租）的房子和倾注了他多年心血的画稿全部付之一炬，万幸的是，北斋和女儿在大火中死里逃生，捡回了一条性命。别人遭灾哭爹喊娘，北斋遭灾"龙场悟道"。继上次被雷劈之后，遭遇火灾的北斋这次似乎又悟出新的人生哲理，他开始专注于肉笔画，风格也更加无拘无束。

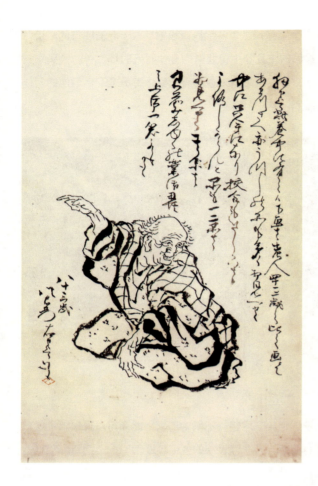

这是北斋83岁时的自画像，
看这满脸的皱纹，老不老？看这
"飘逸"的发型，狂不狂？

在"画狂老人卍"期间，北斋的绘画样式非常丰富，他既画壮阔的风景，也画精巧的花鸟，既在类型丰富的纸上画，也在团扇、屏风甚至房顶上画。1842年，北斋接了一个大订单，一位富商希望北斋能去信州小布施町（今日本长野县境内）创作一些作品，江户到小布施町将近五百里地，82岁的北斋居然靠双腿步行到达的那里。可以说，北斋的身体状况非常符合他的人设——一个让人摸不到头脑的浮世绘战士。

在作客小布施町期间，北斋绘制了一系列"天井绘"，也就是画在房顶或者车顶上的画。其中最经典的当数《龙图》与《凤凰图》，这两幅天井绘画工精湛细腻，用色绚丽，寓意吉祥，深受当地人的喜爱，至今仍然是当地最为珍贵的艺术宝藏。

除了《龙图》与《凤凰图》外，北斋在小布施町还创作了另外一对比较出名的天井绘，它们也是大浪，甚至分"男女"。

‖ 葛饰北斋　龙图　1844 ‖

‖ 葛饰北斋　凤凰图　1844 ‖

‖ 葛饰北斋　怒涛图二幅　1845 ‖

上面这两幅天井绘，你能分辨出哪个是《男涛》，哪个是《女涛》吗？答案是：左边那幅画是《男涛》，右边那幅画是《女涛》。《男涛》的边框上绘有美丽奇幻的鸟兽，而《女涛》的边框上则绘有缤纷的花草与精巧的小动物。

古代日本本土是没有狮子的，北斋依据文学作品中狮子的形象与自己的想象创作出了这幅精美的狮子图。画中的狮子形象如同"神兽"一般，眼神犀利，鬃毛与尾巴被北斋描绘成了云彩的形状，整体姿态如腾云驾雾一般，"仙气儿"十足。

‖ 葛饰北斋　唐狮子图　1844 ‖

不知道大家是否还记得北斋在"春朗"时期画的那个"冲澡老虎"，现在回头再看，是否感慨良多呢？在《雪中虎图》中，北斋描绘了一只飞扑的猛虎，它上扬的嘴角和锐利的眼神将北斋笔下动物"拟人化"的特征体现得淋漓尽致。北斋的想象力依旧强大，大雪覆盖下的竹叶，在他的笔下变成了猛虎的"利爪"，十分有趣。

‖ 葛饰北斋　雪中虎图　1849 ‖

‖ 葛饰北斋 富士跃龙 1849 ‖

也许是预感到自己的大限将至，北斋在 89 岁的时候出版了最后一部绘手本——《绘本彩色通》。在这部作品集中，北斋分享了自己对于绘画艺术的心得以及海量的绘画技法，希望可以借此将自己的技艺永传后世。毫无疑问，作为浮世绘的一代宗师，北斋是慷慨而无私的。

直到生命的最后一刻，北斋还在追寻浮世绘的新境界，他向上天发愿，如果能再给自己十年，或者五年的时间，自己就能成为一名真正的画家。但这次，长寿之神并没有答应北斋的请求，或者说，长寿之神已经足够眷顾北斋了。87 岁以后，北斋的身体状况逐渐恶化。1849 年，北斋抱病完成了人生的最后一幅作品——《富士跃龙》。

作为北斋的绝笔，《富士跃龙》中的那条苍龙就像是北斋的"自画像"，伴随着巨龙的腾空而起，90 岁的北斋也走完了他那上下求索、为画痴狂的一生。

作为浮世绘的一代宗师，北斋始终抱有一颗"学徒之心"，晚年的北斋曾说自己 70 岁之前的作品不值一提，也曾感慨自己连只猫都画不好。这种话听听就得了，大师的谦虚别当真。实际上，北斋早已站在了浮世绘的顶峰，而帮助他达到如此之高的成就的，正是他对于自己手中画笔的尊重以及对于浮世绘艺术所抱有的那颗赤子之心。北斋的一生虽然画上了句点，但神奈川冲的巨浪，至今仍汹涌在这个世界的每一个角落。

歌川广重

把『大浪』拍在沙滩上的『后浪』

/ AI浮世绘巨匠
/ 对话美学专家
/ 绘就浮世新篇
/ 解析大师特征

梵高
的
偶像

他，是一个"疯子"。他的杰作包括但不限于……和"傻子"同居。

割掉自己的耳朵。

冲自己来了一枪。

以及……《向日葵》和《星月夜》，他的名字叫作文森特·威廉·梵高。

‖ 梵高 星月夜 1889 ‖

作为后印象派画家的代表人物，梵高的大名家喻户晓，他的《向日葵》甚至拍出过 2.8 亿元人民币的天价。与传统画家不同，梵高是个"四分之三路出家"的绘画天才，为什么这么说呢？因为一共活了 37 岁的梵高，都 27 岁了还在一心传教呢。

30 多岁就没了的梵高在 30 来岁的时候才开始画画，他一开始画的画可是"正经"得很，就比如下面这幅《吃土豆的人》。

‖ 梵高 吃土豆的人 1885 ‖

这幅画是梵高早期的代表作，从这幅画上很难看出后印象主义的影子，那梵高是怎么变得"印象"的呢？因为他捅了艺术的老窝——巴黎，并在那里结识了毕沙罗、德加、塞尚等一帮印象主义画家。同时，他还被一种东方艺术形式所深深吸引，那就是——浮世绘。

梵高对于浮世绘非常痴迷，最直接的体现就是梵高在吃不上饭的时候还把钱用在买大量的浮世绘作品上。如果梵高当年饿死在巴黎街头，那么浮世绘画师们可能要负一部分的责任。

梵高对于浮世绘十分着迷，他临摹了许多浮世绘作品，同时还将浮世绘中的绘画技巧运用到自己的创作之中，他学习浮世绘的构图、线条、笔法与色彩，并将它们与油画相结合进行创作。在梵高临摹的浮世绘作品中，有两幅比较出名。

‖ 歌川广重　名所江户百景·大桥安宅骤雨　1856—1858 ‖　　‖ 梵高　雨中桥　1887 ‖

‖ 歌川广重　名所江户百景·龟户梅屋铺　1856—1858 ‖　　‖ 梵高　盛开的梅树　1887 ‖

绘制左侧这两幅浮世绘的是同一个人，毕沙罗称赞他是伟大的印象派画家，梵高夸他的画可以随心所欲地传递任何情感。这个人，就是我们接下来将要介绍的浮世绘三杰中的最后一位，梵高的"偶像"，江户最后的浮世绘大师——歌川广重。

‖ 歌川国贞（三代丰国）
歌川广重画像 1858 ‖

在欧洲，歌川广重的喜爱者们可不是只有梵高，许多印象主义画家对歌川广重的作品有着深刻的研究，因此可以说，歌川广重对于西方印象派壮大具有"不可推卸"的责任。歌川广重到底多牛，才让这么多享誉世界的画家对他如此推崇呢？下面，就让我们一起走进歌川广重的艺术世界。

江户特产
和 广重手里的
"金"饭碗

江户的"特产"是什么?

‖ 溪斋英泉 两国桥夕照 1848 ‖

江户的特产有很多，比如吉原的美女和美味的日料，而在日本坊间流传着这样一种说法，那就是"火灾和打架是江户两大景"。这里我们不聊打架，先说说江户最大"特产"——火灾。在歌麿篇中我们就曾提到过与浮世绘有着千丝万缕联系的明历大火。在北斋篇中，北斋的家也被大火烧得一干二净。其实不光北斋，美人画大师溪斋英泉的家也在一场大火中被烧光了（没准儿就是葛饰应为观看的那一场）。那江户为什么这么容易着火呢？自德川幕府建立之后，江户一直是日本人口最为密集的地区，这就造成江户的建筑密度非常大，城市内道路狭窄，交通拥堵，人满为患。而且在江户时期，绝大多数房屋是木质结构，加之人们的防火意识与灭火知识的匮乏，使得江户城非常容易遭受火灾，说江户是当时全日本最"火"的城市也不为过。

‖ 溪斋英泉
日本桥晴岚
1848 ‖

关于江户城的人口密度，看看溪斋英泉的这两幅浮世绘作品就知道了，不知道这画的是不是江户的早晚上下班高峰期。

捧着"金饭碗"出生的歌川广重

广重本名安腾重右卫门，比起"江户屁民出身"的歌麿和"爹不确定"的北斋，广重的出身就要好上很多了。广重不仅出生于一个武士的家庭，最重要的是，他爹真是他亲爹。因此，广重简直可以说是含着金汤匙出生的。而且，他不仅嘴里含着金汤匙，手里还捧着个金饭碗。为什么这么说呢？这就和我们前面提到的"江户特产"有关了。

江户的特产是火灾，而广重的父亲则是一名消防员。没错，由于江户城太"火"了，于是，日本早在江户幕府时期就组建了专业的消防队伍。作为日本贵族中的中坚力量，武士的工作在很多时候是可以继承的。因此，广重的人生不出意外的话应该是在快乐与安逸中长大，然后接父亲的班成为一名消防员，端着金饭碗，享受着武士的待遇，安逸地度过一生。

不过，如果真是那样的话，这个世界上不会有一个人记得住"安腾重右卫门"这个名字，而"如果"毕竟是"如果"，如果说现实很骨感，那么江户的现实简直就是"骷髅标本"。长大后的广重确实顺利接班成为一名消防员，但接班后的广重发现，他手里这"金饭碗"的"含金量"简直比北斋他父亲的"含爹量"还低，他不仅薪俸少得可怜，而且也没啥工作需要做。江户末期的幕府在政治上保持着"常态化无所作为和间歇性努力一把"的状态，幕府的工作人员在平日里也大多无所事事。那么，在以火灾为特产的江户，难道消防员也不忙吗？答案：是的。幕府虽然设置了消防系统，但江户也不是天天都在着火，再加上被烧怕了的江户人的防火意识逐渐增强，以及幕府在法律上对于火灾责任的严格规定，使得幕末时期江户的火灾次数明显减少，江户消防员的日常基本就是吃喝玩乐了。当然，消防员比较闲这件事，无论是对于江户百姓，还是对于广重来说都是好消息。

但广重是一个有追求的人，虽然他干的是一份闲职，但他会给自己"找活儿干"，广重自小喜爱绘画，于是他在 15 岁的时候拜入了浮世绘大师歌川丰广的门下。歌川丰广是浮世绘"数一数二"的门派——"歌川派"的掌门人。在当时，浮世绘的门派就是一个集学校与企业功能于一身的组织，学生在画室一边学习绘画知识，一边参与画室的生产。与北斋在胜川派的情况类似，广重在歌川派也在踏踏实实地学习，勤勤恳恳地工作。"歌川广重"一名也诞生于此时。其中，"歌川"代表流派，"广"字取自老师歌川丰广的名字，"重"字取自广重的本名——安腾重右卫门。但也许是广重的天赋并没有北斋那么高，因此在很长一段时间内，他都没有什么名气。当然，这也与他所在的画派有一定的关系。作为浮世绘圈最厉害的画派，歌川派里可谓是人才济济，大佬云集。

浮世绘
第一大
门派是哪个?

顶级艺术社团有多厉害?

在二百余年的发展历史中,浮世绘形成了众多的流派,它们大多以画室与学校为根据地,广招门徒,承接业务。不同的浮世绘流派在绘画内容与风格上存在很大的区别。因此,虽然人们都喜欢给高手排名,但在浮世绘领域,真的很难评比出哪个流派是第二名,当然,这不包括歌川派。

因为它是当之无愧的"老大"。

为什么这么说呢?因为歌川派不仅门徒众多,而且名家云集,歌川派的学生最多的时候足足有二百多人,而其中不乏歌川丰国、歌川广重和歌川国芳这样的浮世绘大师。

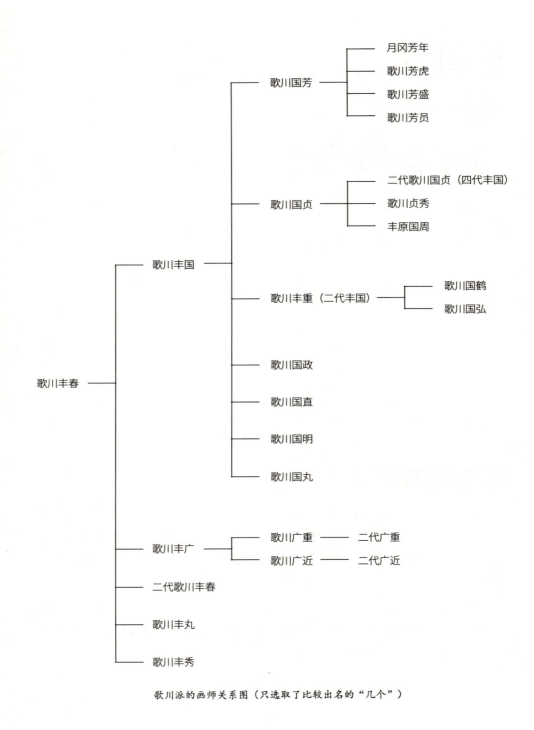

歌川派的画师关系图（只选取了比较出名的"几个"）

要说起作品，歌川派的作品数量则更是多得离谱，在现存的浮世绘作品中，几乎一半是出自该门派之手。可以说，歌川学校不仅是一所浮世绘的一流学校，而且还是一座高水准的浮世绘生产车间，每天都在批量生产高水平的浮世绘作品。

在浮世绘世界中，许多流派仅染指少数几种浮世绘类型，而且作品有着明确的流派风格。比如北斋年轻时所在的胜川派，主打的就是役者绘，作画手法力求使作品还原舞台演员的真实容貌。再比如，鸟居派以其独特的"蚯蚓描"和"葫芦足"闻名，且该流派以画剧场海报和招牌为主业，因此该流派一直不缺生意且延续至今。但歌川派则与众不同，歌川派由于画师数量太多，且各有所长，随着歌川派的不断发展壮大，其绘画风格也不断丰富，流派内比较出名的画师一般都有着自己的擅长领域和独门绝活儿。这种多元化的绘画风格也是使门徒众多的歌川派成为浮世绘第一大门派的关键原因。

随着歌川派的发展壮大，他们的业务范围也拓展到了各个文化领域，歌川派的门人不光画画，还绘制宣传海报，制作店铺招牌，甚至报道新闻，歌川派几乎成了"江户文娱和传媒界首屈一指的团体。

歌川派强大的影响力还帮助门人得到了许多幕府赐予的"特权"，比如，歌川学校享有一定的自主出版权，歌川派的人可以自由出入日本各藩。广重巅峰期的作品有许多是描绘日本各处驿站的景色，他之所以能去这么多的地方，与歌川派的这些"特权"密不可分。

歌川派的"一代宗师"们

歌川派的"祖师爷"名叫歌川丰春，也就是广重的"师爷"。歌川丰春擅长美人绘与役者绘，并结合了西洋画法中的透视技巧，形成了独具特色的画风。歌川丰春只收了五个学生，但学生不在"多"而在"精"。在他的学生中，有两个人非常出彩：一个是使歌川派做大做强的歌川丰国，另一个则是广重的老师——歌川丰广。

歌川丰国是丰春门下最杰出的弟子，也是歌川派第二代的领袖，丰国在钻研老师浮世绘技巧的同时，还看着别人"锅里的"，他吸收了其他浮世绘名家的画法，最终形成了自己独有的风格。丰国的作品不仅很对江户人的口味，而且产量大，这使丰国作品获得了江户出版商的一致好评，同时，有许多学生慕名而来，其中就包括广重。但丰国并没有收广重为徒，这倒不是因为丰国不喜欢广重，而是因为广重"报名晚了"，丰国门下学生的名额已经满了。于是，广重转投了当时歌川派的二号人物——歌川丰广。

丰国还有一大过人之处，那就是他桃李满天下，他的学生可以说是"多而精"，像后来闻名天下的浮世绘画家歌川国芳、歌川国贞、歌川丰重等都出自他的门下。

据说丰广与丰国之间的关系并不好，这点从两人的作品中就能窥见一斑：丰广的作品素雅，丰国的作品绚丽。丰广是浮世绘画家中少有的不涉足役者绘的画师，而丰国则始终专注于役者绘这一类型。

丰广在绘画过程中所坚持的传统元素，在当时并不受江户人待见，这也许是他招生招不过丰国的主要原因。虽然丰广的招生数量不多，但学生是真争气啊，歌川广重后来的成就简直就是给老师丰广的脸上"敷了个纯金的面膜"。

正所谓"名师出高徒"，歌川派的老师们个个都是"浮世绘名师"，而歌川派的学生们也是不遑多让。歌川派最不缺的就是人才，而其中最具代表性的就是扬名后世的几位"尖子生"。

❋第三代掌门人——歌川国贞

歌川国贞是丰国最得意的门生之一，其作品非常贴合老百姓的审美趣味，因此深受出版商的青睐，这也促使国贞成了继葛饰北斋之后的又一个"浮世绘劳模"。据统计，国贞留下了一万多件浮世绘作品，是歌川派中最多的一位。国贞涉猎最多的题材就是美人绘和大首绘，他在画风上与他的老师很接近，非常注重对于色彩的运用。国贞笔下的美人非常灵动，有故事性，能够让人不自觉地走入画中，去探寻画中人的故事。

❋不世出的奇才——歌川国芳

歌川国芳家原本是染布的，但他却有着不俗的绘画天赋，与歌川丰国的其他学生不同，他是被丰国主动纳入门下的。国芳的浮世绘风格独树一帜，用笔繁复细腻，画面张力十足，兼具观赏性与戏剧性，简单来说，就是在令人眼花缭乱的笔触之下隐藏着有趣的灵魂。直到今天，国芳的作品都受到世界各地人们的热烈追捧。

歌川国芳虽然天赋异禀，但在很长一段时间内只是歌川派中一个寂寂无闻的小徒，接不到委托的他一度穷到靠修补榻榻米为生，也许是出于天才特有的骄傲，不甘人后的国芳后来发愤图强，终于找到了属于自己的创作方向——武者绘，而代表作正是《水浒传》人物系列。遮住名字，你能认出来国芳画的都是哪几条好汉吗？

‖ 歌川国芳 通俗水浒传豪杰百八人之一个 活阎罗阮小七 1827‖　　‖ 歌川国芳 通俗水浒传豪杰百八人之一个 鬼脸儿杜兴 1827‖

国芳作品中的英雄人物大多有着华丽的刺青，现在的一些文身店还会拿国芳的画制作宣传海报。

国芳的作品中还不乏画面精美、气势非凡的三联画：

‖ 歌川国芳 相马古内里 1845—1846‖

　　《相马古内里》展示的是一幅奇幻的战斗场景，对决的双方：一方是画面左边手持巫术卷轴的泷夜叉姬和画面右边被她召唤出来的巨大骷髅，另一方则是前来讨伐的武士和他慌乱不堪的随从。这幅画最出名的就是这个巨大的骷髅，让人不得不佩服歌川国芳强大的构图能力，这个"骷髅"的形象也多次出现在后世的艺术作品中。

平凡到
没有标题的
前半生

歌川某某的前半生

" ······ "

引号中的内容可以总结广重前半生的所有经历。

我们本来是介绍歌川广重的，开头却说了这么多歌川派的事，其中一个原因，自然是作为浮世绘的第一大流派，歌川派对于广重的艺术生涯起了重要的影响；而另外一个原因，就是广重在进入歌川派的前二十年中，真就是一点儿故事都没有！

在这二十年间，如果说起他，江户人可能只会知道他叫"歌川某某"。

我想给广重的前半生做个总结，但左思右想都无从下笔，这大概就是所谓的"平凡"吧，就像我们这些大多数生活在浮世之中的人一样。在成为歌川派门人的前二十年，广重曾画过一些役者绘和美人绘，但大多没有保存下来，他也画过一些狂歌插图，比如《狂歌紫之卷》中的作品。

‖歌川广重 狂歌紫之卷插图之一 1818‖　　　　‖歌川广重 狂歌紫之卷插图之二 1818‖

　　有人曾说从广重的作品中能够感受到他那平和的心态，这话说得没错，从广重前三十多年的生活经历来看，他确实很平和，也是真沉得住气。作为一个艺术家，广重都三十五六岁了还没有自己的代表作，甚至都没有值得一说的经历，这一点，他的"小粉丝"梵高倒是和他有点像。如果说北斋是五十岁才降生的，那么，如果给广重写传记的话，第一句话应该是"广重今年三十六了"。不过，广重用自己的一生证明了一碗著名的心灵鸡汤的营养价值，那就是：伟大正是孕育于平凡之中的。

　　广重早期画过一些人物画，我们从画中已经能够窥见广重在色彩运用上的独到理解，但这一时期的广重尚处于学徒阶段，并没有形成属于自己的绘画风格，也尚未找到属于自己的浮世绘创作类型。

‖歌川广重
初代中村芝翫之平清盛与初代中村大吉之八条之局
1818‖

广重最大的绊脚石是什么?

广重年轻时没什么名气,可能是因为歌川派的高手实在太多了,凸显不出广重的才华,也可能是因为在歌川派学校画插图的工作不适合广重。但不可否认的是,广重确实很有绘画天赋,因为后来发生的事情证明了,广重不是画不好,而是他的脚下始终有一块巨大的绊脚石妨碍着他。

这个绊脚石就是——他的那个"金饭碗"工作。

广重的这个消防员工作,不忙,但也走不开,这使得广重始终无法将全部精力集中到绘画上,而且这工作还不挣钱。但这好歹也是份隶属幕府的工作,别人想干还没这机会呢!广重从父亲那里继承的这个"福气",可以说是非常的鸡肋。广重平时就是一边当着幕府的这个闲差,一边抽时间去歌川学校画画,有时也托朋友的关系接一些私人委托,但这些委托对于广重生活条件的改善和艺术创作水平的提升都没有什么太大的帮助。

对于一个艺术家来说,最大的绊脚石或许就是波澜不惊的生活,因为它会慢慢消磨一个人的意志,耗尽一个人的天赋,那么广重该如何破解这道人生难题呢?

‖ 歌川广重 东都名所·四条河原 1830—1831 ‖

在 19 世纪 30 年代初，受葛饰北斋的影响，广重开始钻研风景画，并发布了他的第一套名所绘作品——《东都名所》，这也是广重正式踏足风景画领域的标志，当时他的画号还是"一幽斋"。由于广重当时还没有什么名气，《东都名所》在发布之初并未引起关注，但这一系列中的《高轮之明月》非常值得关注。这幅画笔法细腻，构图精美，着色协调，俨然出自风景画大师的手笔，这也佐证了广重巨大的潜力。

‖ 歌川广重
东都名所·吉原仲之町夜樱
1830—1831 ‖

广重笔下的月亮堪称"不二"——他最善于运用天空的颜色与景物衬托月亮，他笔下的圆月，总有些许部分被前景所遮挡，唯美至极。而广重对于光影那强大的感知力与表现力，则使他能够让这唯美的月光温柔地洒满画布。

‖ 歌川广重
东都名所·高轮之明月
约 1831 ‖

这一系列作品展现出了广重那与众不同的画风，其中最为突出的就是他对于西方透视方法的运用。广重能够将不同的绘画技巧融合进自己的绘画语言之中，形成一种独特的绘画风格，这为他成为一代宗师奠定了坚实的基础。

说实话，《东都名所》这样的作品竟然没让广重走红，实在是让人费解，唯一的解释可能是这时候广重的人脉不行吧。

终于，在1832年，广重一生的转折点来了。在这一年，发生了两件大事。第一件事，广重终于想到了解决自己脚下这块绊脚石的好方法了，那就是把这个"福气"传给自己的儿子。广重正值壮年，就把消防员的工作交给了儿子，自己画画去了。

这下，广重终于可以全身心地投入浮世绘之中去了，而他，也即将向自己那平凡到"连儿子都长这么大了也没有人关心他是在何时结婚生子"的枯燥生活说再见了。

也正是在这一年，广重开始创作自己的成名之作，这一系列作品的问世，真正让人明白了什么叫"不鸣则已，一鸣惊得江户震三震"。

而这，就与前面所说的另一件大事有关了……

谁才是日本的老大？

发生在1832年的这件大事，名字叫作"上洛"。

这，是"名词解释中的上洛"。

所谓"上洛"，指的就是去见天皇，其中的"洛"字，指的就是"洛阳"。洛阳是中国最著名的古都之一，许多朝代定都于此，于是它也逐渐成为"都城"的代名词。而日本文化受中国文化的影响颇深，因此在日本，天皇的所在地京都也会被称为"洛阳"，而"上洛"在日本所代表的就是前往京都觐见天皇。

这，是"真实的上洛"

之所以这么说，是因为历史告诉我们，"上洛"这个对彰显自己对天皇忠诚和尊敬的行为，在实际执行起来，一般会稍微有些偏差。

上洛的主角一般是以地方大名为代表的实力强大的领主，为了表示对天皇的尊敬，他们上洛的阵势很大，通常会带着具有地方特色的朝贡物品，光鲜亮丽的仪仗队，懂得高雅艺术的文化人，以及一支倾尽全力组建起来的军队。大名在上洛的时候一般会与路上遇见的其他领主发生一些"小摩擦"，至于摩擦的后果，轻的话，有一两位大名会丢掉性命，严重的话有好几位大名会丢掉性命。

没错，"上洛"这件事在实际执行的过程中对天皇多少有点儿不尊重。从"上洛"集中发生在日本战国时代就能看出来，大名们去见天皇，主要是奔着打仗去的，目的是"挟天皇以令大名"，打服沿途的大名，确立自己在全国范围内的霸权。自武士阶层崛起并开启幕府统治开始，一直到近代的倒幕运动结束，其间，仅仅是日本"名义上的老大"。

1832 年，广重被通知跟随幕府将军"上洛"。当然，我们不用替广重担心，广重这次参与的是"名词解释中的上洛"。因为，德川幕府打服了所有的大名，而这次上洛的主角——德川幕府的将军，是当时全日本"实际上的老大"。

幕府将军每年都要去京都给天皇进贡，为了加强对于全国各地大名的控制，幕府以日本桥为起点，修建了五条交通要道，幕府将军一行这次"上洛"所选择的路线就是其中的东海道。

直到出发前，广重可能都不会想到，这趟从江户到京都的旅程，将会对他的一生产生多么重大的影响。

右边是最美的山，
左边是最大的海：
《东海道五十三次》

出发！跟着广重去旅行

　　广重前半生寂寂无闻，但自从他跟着将军去见了一次天皇后，他便成了江户炙手可热的画师，这倒不是因为天皇赐予了他什么魔力，而是因为在"旅行"期间，广重创作出了浮世绘史上最著名的风景画系列之一——《东海道五十三次》。

　　为了使交通运输更加便利，幕府在全国主要的道路上修建了许多具有转运和休整功能的驿站，而《东海道五十三次》所描绘的就是修建在东海道上的五十三处驿站的景象，再算上起点江户和终点京都，一共有五十五处景点。当然，在这一系列作品中，广重并没有机械地还原每处驿站的真实场景，而是在作画的过程中加入自己的审美理解，艺术性地再现了东海道的自然与人文风貌，而广重那沉淀二十余年的艺术造诣也在这一系列作品中彻底迎来了爆发。

　　下面，就让我们跟随广重的画笔，一起踏上这条东海道之旅。

　　日本桥是江户时代诸条交通要道的起点，有着非凡的意义。日本桥的两岸分布着鱼店和仓库，沿着河流的方向看去，还能远眺富士山。因此，日本桥也成了许多日本画家笔下的常客。但广重描绘日本桥时所选取的视角与众不同，他选择顺着桥的方向取景，这使得人们根本无法通过这幅画去欣赏大桥的全貌。

　　天际初泛红晕，鱼贩们背着货物走在桥头，两条小狗则在另一边玩耍。在这寻常的景致后面，则是一队行进中的人马，他们神情严肃，列队齐整，桥头的木门为之打开，延伸到画纸"以外"的木门给人们一种身临其境的感觉，仿佛我们就是日本桥口那个"负责看大门的人"。而广重独特的视角选取，也暗合了日本桥的符号语言——"起点"。

　　在这幅画中，无论是远处天空淡雅柔和的色彩过渡，带有第二人称韵味的绘画视角，还是画中的寻常百姓，都鲜明地体现着一个始终蕴含在广重作品中的特质，那就是平凡中的诗意。

　　另外，这幅画还有一个有趣的地方：请注意画面左侧露出半个身子的鱼贩，他露出的那只脚长有六个脚趾，像这样的"六趾人"，在该系列还有好几位。

‖ 图为经历过多次重建后的日本桥 ‖

品川宿是东海道最靠近江户的宿场，号称"五十三宿之首"，画中的品川正值旭日东升，海天一色如同蔚蓝的画布，上面铺着粉白的云朵，"半颗红豆"点缀其间。在这画中世界，艘艘商船正要扬帆远航，它们与画面右侧的房屋形成镜像构图，优美中不乏齐整。广重有一双善于发现美的眼睛，并毫不吝啬地将这些美景分享给我们。

看到这幅画，不知道各位有没有一种熟悉的感觉：品川宿的旁边就是御殿山，御殿山可是一处绝佳的赏樱地点，也就是北斋那幅"富岳三十六景"中的颜值巅峰《东海道品川御殿山不二》的创作地点。

东海道的第二宿场名叫川崎宿，川崎宿设置的时间较晚，因为它是为了解决品川宿与神奈川宿之间距离太远的问题而设置的。川崎宿是由四个村子构成的，广重为下面这幅田园风光辅之以较低的视角与橙色的黄昏，使这幅画多了一分恬淡与安适。

‖ 歌川广重
东海道五十三次·神奈川台之景
1833—1834 ‖

　　神奈川濒临江户湾，广重站在"山坡"这个天然的观景台上，能够将江户湾的美景尽收眼底，《神奈川·台之景》中的两行船只分别与海边房屋形成了平行与镜像构图，而在画面近处，广重还用色彩的变化与线条描绘出波光粼粼的效果，为这幅画增添了一分灵动。

　　当然，"神奈川"这三个字是不是更熟悉？希望这队船出海后不会遇见"神奈川冲的大浪"。

‖ 歌川广重
东海道五十三次·保土谷新町桥
1833—1834 ‖

　　《保土谷·新町桥》最亮眼的地方就是色彩对比，远景整体偏暗的水墨色调搭配上天边的金黄与水面那一抹惊艳的蓝色，使得这平凡的景致多了一分深远的意境。

见此图标　微信扫码 / 入梦江户时代，看遍人间万象。

把『大浪』拍在沙滩上的『后浪』·歌川广重

在广重的风景画中，"人"是非常重要的构成元素，《户冢·元町别道》的人文元素非常丰富，一条条的木质告示牌上展示着属于江户时代的信息，中间的石碑则是个路标，上面写着"向左，镰仓街"。而为了构图的平衡，广重特别在画面右边的木桥上画了一个老人，并在远景处画了一排房屋。

平冢宿是东海道之旅的第七站，对于这座驿站，广重在取景时选择了田间小路"绳手道"。在上面这幅画中，广重运用了西方绘画的透视技巧，让整幅画在保留东方意境美的同时，

有了一种纵深感与立体感。这幅画中一共有三座山，它们形态各不相同：一个线条柔和，一个棱角分明。而位于它们之间的远山，看形状就知道是"不二山"了，三座山相映成趣，与开阔的前景共同构成了一幅优美的画面。

　　在《大矶·虎之雨》中，广重画中最为人所称道的元素——"雨"终于出现了。这里的大雨与日本三大复仇故事之一的"曾我兄弟复仇事件"有关。传说曾我两兄弟为父报仇成功后，一人自杀，一人慷慨赴死，其中兄长的爱人虎御前非常悲痛，她泪水化作倾盆大雨，于每年初夏降临在大矶宿场以及广重的画中。

‖ 歌川广重
东海道五十三次·大矶虎之雨
1833—1834 ‖

‖ 歌川广重
东海道五十三次·箱根湖水图
1833—1834 ‖

　　《箱根·湖水图》所描绘的是在群山之中眺望日本著名旅游景点——芦山湖时的景色，在这幅画中，广重将色彩运用得极为巧妙。他用五彩斑斓的颜色勾勒出了嶙峋的怪石与远处的层峦，颇有印象主义的风格。仔细看去，在画面的最远处，隐约可见终年积雪、高耸入云的富士山。

‖ 歌川广重
东海道五十三次·三岛朝雾
1833—1834 ‖

景色绮丽的箱根是神奈川县的最后一站，翻过群山，就是静冈县的地界。作为富士山所在地，静冈县最美的景致毫无疑问就是由山海组成的漫长绘卷了，在这里沿着东海道南下，左手边是世界上最大的海洋——太平洋，右手边则是全日本最美的山峰——富士山。

《三岛·朝雾》是浮世绘风景画中少见的雾景，广重天才般的画面渲染能力在这幅画中体现得最为突出。这幅画描绘了一个大雾的清晨，广重用剪影的构图方式搭配色彩的浓淡变化，不仅呈现出了一幅形象的雾中行旅图，还巧妙地利用"雾"这一元素体现了日本审美文化中的"幽玄"之美，空寂而深远。怪不得日本诗人野口米次郎会说："广重的画中有着最纯粹的日本文化。"

‖ 歌川广重
东海道五十三次·沼津黄昏
1833—1834 ‖

《沼津·黄昏》是该系列作品中唯一以"月夜"为主题的画作。在一个明月高悬的夜晚，三两行人正在赶路，月光是明澈的，村落是宁静的，整个画面静谧而温柔，美得不可方物。广重细腻笔触下的乡间小路、村落与树林，充满了浓浓的乡愁，而高悬的圆月，则为整幅画作增添了一种空寂之美。这幅画让人不禁想起孟浩然的那句诗"野旷天低树，江清月近人"。

‖ 歌川广重　东海道五十三次·原朝之富士　1833—1834 ‖

✳ 把『大浪』拍在沙滩上的『后浪』·歌川广重

《原·朝之富士》中得名于其平原地形，同时它也是东海道上所有驿站中最小的那个。广重在近景处画了三位旅人，在远景处着重刻画了两座无论在颜色还是在轮廓上都风格迥异的高山——富士山与爱鹰山，行人与大山之间是广阔的原野，除了地上的鸟和天上的鸟外什么也没有。这种处理方式既体现了原宿的地形特点，又能凸显富士山与爱鹰山的巍峨。

‖ 歌川广重　东海道五十三次·吉原朝之富士　1833—1834 ‖

在《吉原朝之富士》中，赫然出现了我们十分眼熟的一个地方——吉原。

当然，此吉原非彼吉原，吉原虽然生意好，但毕竟不是连锁店。不过据说，"吉原"名称的由来正是因为它的创始人来自这个吉原宿。

这幅画的另一大看点就是位于"左手边"的富士山，我们一开始就说了，沿着东海道南下，富士山应该在右手边啊。在这一系列的其他作品中，富士山也确实大多是出现在画面右边的。其实，答案就在广重的画中，吉原宿的道路非常崎岖弯折，因此，如果沿路向前看去，富士山时常会出现在人的左侧，这也是这幅画名字的由来。

‖ 歌川广重
东海道五十三次·蒲原夜之雪
1833—1834 ‖

蒲原的那场夜雪，每一片雪花，都飘落在人们的心头。

"雪满群山万类沉，幽人闭户寂无心"，即便是在佳作如云的《东海道五十三次》系列中，《蒲原·夜之雪》都是最动人的存在。

《蒲原·夜之雪》意境优美，构图平衡，夜幕中如星星般的雪花缓缓飘落，铺满了蒲原的山、蒲原的树、蒲原的路。南来北往的过客，只顾低头赶路，只有雪地上那几行方向相反的脚印，见证着在这场蒲原夜雪中，一个个生命之间倏忽的交集。

广重的画笔，仿佛能进入我们的内心深处，而画笔上的每一根毫毛，都在轻轻触碰着我们的心尖。

‖ 歌川广重　东海道五十三次·奥津兴津川　1833—1834 ‖

《奥津·兴津川》的颜色搭配清新亮丽，画面诙谐幽默。在这幅画中，几个瘦小的轿夫满脸不情愿地工作着，原来他们摊上了一份苦差事——抬着相扑选手过河，而要问谁比轿夫更辛苦，那自然就是后面那匹马了，它独自驮着另一名相扑选手，不情愿地低头前行，仿佛露出和轿夫们一样沮丧的神情。

‖ 歌川广重
东海道五十三次·江尻三
保远望
1833—1834 ‖

　　江尻宿是东海道的第 18 个宿场，位于今静冈县清水区。广重在画这幅画时选择了较高的视角，在近景处，广重描绘了密布的屋顶与许多艘停泊的船只，画面正中心是著名景点"三保松林"；远景则是片片的白帆，可谓是"千帆远影碧空尽"。

‖ 歌川广重
东海道五十三次·冈部宇津之山
1833—1834 ‖

　　相比于其他宿场，冈部宿的路况可不太好，行人需要沿着崎岖陡峭的山路行进。广重在上面这幅画中并没有将视角拉远以刻画山体的险峻，而是反其道而行之，将视角拉近，使画中的人与路被两旁的大山"挤"在中间，再用湍急的流水衬托出道路之"陡"以及旅人行路之"艰"。

 见此图标 微信扫码 ／入梦江户时代，看遍人间万象。

‖ 歌川广重
东海道五十三次·日坂佐夜中山
1833—1834 ‖

　　《日坂·佐夜中山》是一幅"有故事的画"，一群人不急着赶路，却在围观一块路边的石头。原来，传说这块巨石下埋着一位被盗贼所杀的孕妇，她的哀怨始终萦绕在石头上，每逢夜晚便会哭泣。因此，这块石头也被称为"夜泣石"。不过，看着前面这陡峭如天梯的道路，这几个好奇的人最好还是快些赶路吧，否则天黑之前可赶不到下一个宿场。

‖ 歌川广重
东海道五十三次·舞坂今切真景
1833—1834 ‖

　　上面这幅画名中的"今切真景"指的是"现在的景色"，之所以这么说，是因为曾经的舞坂并非呈现出如此景致。此处曾是一片淡水湖，发生在 14 世纪末和 15 世纪初的两次大地震将连接隔绝湖海的沙洲给震塌了。因此，湖与海连成一体，形成如今的壮观景致。

‖ 歌川广重 东海道五十三次·白须贺汐见阪 1833—1834 ‖

在白须贺宿，广重将上图这一幕如画般的风景定格在了画纸之上。

位于白须贺的汐见阪是一处闻名日本的观海处，广重更是将这一处的美景用完美的平衡构图呈现了出来。画面两侧的山峦与松树，行进中的"U"型队伍，以及远方对称分布的白帆，就像是舞台上缓缓拉开的幕布一般，将一幕动人心魄的海天盛景呈现在我们眼前。而这一切所体现的均衡之美，并未带给人半分刻意之感，而是让人沉醉在这份属于白须贺的浑然天成之中。

从"新日本"到"旧日本"

在江户时代，幕府将军所在的"江户"代表着充满活力的新日本，而与之相对的，则是位于关西地区，以京都、大阪、奈良为核心的"鄙视东京城市朋友圈"，那里保留着"最传统的日本"。

走出白须贺的画框，静冈县的旅程就结束了，广重一行的"上洛"之旅也已过半途。出现在他们面前的，是濒临伊势湾和三河湾的爱知县。

‖ 歌川广重
东海道五十三次·二川猿马场
1833—1834 ‖

广重用暗沉的色调、空旷的背景、稀疏的线条和点缀其间的树木呈现出了二川宿的荒凉，而画面左边孤零零的茶馆、树冠稀疏的老树、随风摆动的枯草与疲惫的行人，则进一步烘托了此处的孤寂之感。

‖ 歌川广重　东海道五十三次·吉田丰川桥　1833—1834 ‖

走过荒凉的二川，就来到了忙碌的吉田。在上面这幅画的右侧，工人正在忙着给城堡刷墙，而其中一个胆儿大的工人，则爬到脚手架的顶端，眺望着远处的美景。而他的勇气也得到了回报，宏伟的大桥、航行的船只、整齐的城镇与远处的山川都尽收他的眼底。

旅客朋友请注意！

旅客朋友请注意！

下面播报的内容非常关键！

到了御油宿，
不愁没地住。
勒脖往里拽，
今天你住也得住，
不住也得住！

‖ 歌川广重
东海道五十三次·御油旅人留女
1833—1834 ‖

御油宿的店家非常热情好客，来到这里的客人，不管他们需不需要住宿，都会被热情地拽进店里，不掏点住宿钱，休想离开御油。

我们可以看到，在我们的画面中，热情好客的店家正像打劫一样把一位旅人拉进店里，旅人的脖子好像被勒住了，拼命挣扎，而画面右边的御油本地人，显然对这种事见怪不怪了。眼前的这位旅人可能还没感受过御油宿的热情，表情有些抵触，相信他多来几次就习惯了。

《御油·旅人留女》这幅画非常有意思，广重在这里发挥了歌川派新闻报道的本事，描绘了一幅表现热情旅店老板勒着旅客脖子往店里去的画面。同时，可能是为了和合作伙伴搞好关系，广重不装了！他直接把出版商、印刷商、雕刻师等人的名字一股脑儿全放到右边的招牌上了。

‖ 歌川广重
东海道五十三次·赤坂旅社招妇图
1833—1834 ‖

"赤坂宿"是东海道的第 36 个宿场，也是东海道上赫赫有名的宿场，因为其临近商业繁荣的传统富庶地区——三河国，因此这里的客商络绎不绝，旅店数量非常多，其中不乏设施齐全、配有大量豪华套间的"五星级大旅店"。画中描绘的正是这样一幅热闹旅店场景，而画中间，恰恰遮住走廊拐角的铁树，不仅起到了分割场景的作用，还填补了画面的空白，丰富了画面的内容。同时，加强了画面的纵深感与立体感，堪称广重精巧构图的典范。

矢作桥是东海道上最长的桥。在上面这幅画中，大桥横贯整个画面，并一直延伸到画纸之外，它的尽头，就是画中远处城堡的所在地——冈崎城。

"池鲤鲋"这个名字源于该处一神社的池塘，因池塘中盛产鲤鱼和鲫鱼而得名。这里还有一个盛景，那就是每年春末夏初的"马市"。每逢这个日子，总会有数百匹良驹聚集此处，非常壮观热闹。而上面这幅画所描绘的就是"马市"的场景，马商们正在松树下讨价还价，马蹄下草甸随风拂摆，像层层海浪一样。透过画纸，我们仿佛能感受到初夏那和煦的微风，嗅到青草的芬芳。当然，这并不代表广重是四五月份到达这里的，因为在《东海道五十三次》系列中，有许多场景是广重结合当地的人文风貌想象出来的。

‖ 歌川广重　东海道五十三次·宫热田神事　1832—1834 ‖

　　位于爱知县名古屋市的宫宿，是整个东海道最大的宿场。许多人第一眼看到上面这幅画的时候，肯定想问，人们这是在做什么？宫宿的名称来源于位于此处的著名神社——热田神宫，这里经常会举办一些庆典与祭祀活动。在这幅画中，两队人马狂奔比试，据说这种比赛能够起到占卜的作用。而画中右下角只露出一半的鸟居说明这场追马仪式就发生在神社附近。

/ 入梦江户时代，看遍人间万象。

这幅画还有一个有意思的地方，那就是两队人所穿的衣服应该是在宫宿的前一站——鸣海买的。从衣服的花纹能看出来这是一种特殊的染布工艺——有松绞染，而作为这种工艺的发源地，鸣海人可不会浪费这个赚钱的好招牌。不信你看，下面的这幅画中鸣海宿的道路两边，全是卖这种"土特产"的。

‖ 歌川广重
东海道五十三次·鸣海名物有松绞
1832—1834 ‖

‖ 歌川广重
东海道五十三次·桑名七里渡口
1832—1834 ‖

《桑名·七里渡口》最精彩的地方就是东方与西方、传统与革新的完美融合。广重用写实的风格绘出近景的帆船与波光粼粼的海面，仔细看去，那洒满日光的波浪似乎正在流动，甚至有打湿画纸的风险，这与传统的浮世绘画面表现形式具有很大的区别。对于画面右侧城堡的描绘，广重也运用了西方的透视画法。但在色彩的选择和松树的刻画方面，画作又颇具传统水墨山水画的风格。放眼远眺，则又是精彩的海天色彩盛宴，而在冷暖色调相接处，则是两片写意的白帆。

　　下面这幅画堪称是广重艺术生涯的代表作，是广重一生中最为杰出的作品之一，也是许多人心目中能排进浮世绘前三（还不一定是第三）的作品，它就是记录着东海道第四十五站的……

‖ 歌川广重　东海道五十三次·庄野白雨　1832—1834 ‖

　　行至庄野，一场瓢泼大雨骤然而至，行人慌乱不堪，有的蜷缩进蓑衣，有的跑着去找地方躲雨，画面生动滑稽，又给人以极强的视觉冲击力。《庄野·白雨》之所以在浮世绘世界中拥有如此高的地位，是因为它凝结了广重最为拿手的几大绘画元素：雨的线条、剪影构图、色彩把握以及对于细节的刻画。

　　这幅画中，广重再一次拿出了他"画雨"的绝活儿，他用锐利、密集、平行的线条呈现出骤雨的肆意倾泻。树林则被用剪影的效果刻画出来，广重通过色彩的浓淡变化呈现出树林的层叠繁茂，还用雨雾将树林分隔开来，增加画面的纵深感。树林那写实的轮廓与写意的构图，让这幅画在实现了形象还原当时场景的同时，还能带给人丰富的艺术审美体验。而广重对于树林倾倒形态与树梢弯曲角度的细腻刻画，搭配上昏暗的着色与对行人动作的描绘，以及具有很强画面冲击力的大角度三角构图，让这场呈现在画纸上的狂风骤雨显得那样的慑人心魄。

　　如果说蒲原的每一片雪花都落在了人们的心头，那么庄野的这场暴风雨则跨越百年历史长河，直到今天，还在冲刷着人们的魂灵。

　　广重画的也不全是他看见的，有的是他想象的。毕竟他负责的是歌川派的艺术板块，而不是歌川派的新闻业务。

　　这不，刚经历了庄野的骤雨，下一站龟山就已经是雪霁初晴了。《龟山·雪晴》是可以与《蒲原·夜之雪》相媲美的雪景图。与蒲原夜雪的静谧安详不同，广重在《龟山·雪晴》中大胆地采用了极不平衡的对角线构图，并刻意加大了山体的角度，描绘出一幅壮美的雪后景观。幕府将军的队伍正行进在陡峭的山道之中，他们的前方就是宏伟的龟山城。

‖ 歌川广重　东海道五十三次·坂之下笔舍岭　1832—1834 ‖

把『大浪』拍在沙滩上的『后浪』·歌川广重

《坂之下笔舍岭》是一幅能够体现广重的勇气与器量的画作，为什么这么说呢？这就和画中主角——"笔舍岭"的名字来源有关了。

相传，狩野派创始人狩野元信曾在游览岩根山的途中来到此处，见此处风景绝美，想将其画下来，但又无从下笔，于是愤然扔掉画笔，这座山岭便因此得名"笔舍岭"。狩野派的祖师爷都画不好，后来的画师自然也不敢轻易尝试绘制这处风景。

但广重没有选择扔掉画笔，这也让我们得以在几百年后，仍能一窥笔舍岭的奇伟瑰丽。巍峨雄奇的笔舍岭从画面左侧延伸开来，两条飞瀑沿着险峻的山体坠入不测之渊，在画面右侧，休息的旅客端着茶碗，正在和我们一起欣赏这幅画笔难以描摹的胜景。

广重用留白的方式处理笔舍岭的下半部分，给人一种深不见底的感觉，凸显了山势的高大。当然，也不排除另外一种可能，那就是笔舍岭确实不好画，干脆画一半得了。

还记得我们前面介绍过的那两幅"雨景图"吗？再看看下面这幅土山宿的春雨，就能很直观地感受出广重在画"雨"时那高超的线条描绘技巧。

‖ 歌川广重　东海道五十三次·土山春之雨　1832—1834 ‖

广重善于在作品中呈现气候、季节等相对抽象的概念。在上面这幅画中，上洛队伍正在有条不紊地列队行进，雨的线条颜色较淡，几乎垂直下落，说明雨虽密却温和无风。广重还刻意淡化了背景颜色，在与蓝色的溪流和衣着鲜亮的行人的对比中，巧妙地展现出一个万物还没来得及染上颜色的初春时节。

马上就要到京都了，途经的驿站也就越来越热闹。广重对于东海道最后三个驿站的描绘充满了市井气息，人文风貌代替了自然风光，成为画面的主题。这幅画展现的就是东海道上的最后一个驿站——大津宿的繁忙场面。广重在画中虽然着重刻画了不同的人物，但作为风景画大师，广重能够将"人"与"景"完美地统一于一幅画中，看远处若隐若现的大山，高大而神秘，而屋后的几株古松则在填充画面的同时，为这幅寻常景象增添了一分古朴与雅致。

　　离开大津宿，广重一行终于到达了他们此行的终点站——京都。

　　这段长达 500 公里的路程，从江户日本桥的清晨开始，到京都三条大桥的傍晚结束，广重也完成了自己物理意义上和精神意义上的双重"朝圣"，他并没有据实画出三条大桥的石墩子，而是将其替换成了木结构，这也许是广重心目中京都三条大桥该有的样子。

　　《东海道五十三次》的发表让歌川广重一炮走红，一跃成为浮世绘世界中能和葛饰北斋并驾齐驱的新星。与北斋那种潇洒奔放、充满激情的风格不同，广重的作品中有一种含蓄的诗意；北斋善于凝练现实景物的形象特征，并对其进行抽象化的表达，广重则更加善于用细腻的笔法，结合多种绘画技巧，描绘如梦似幻的实景。

　　广重的画中有着传统的诗情画意与日本民族淡淡的乡愁，有着一份属于江户时代的平和。

浮世绘圈
的
"劳模"

时代倒计时

　　和北斋一样，歌川广重同样是浮世绘圈的著名"劳模"。但是，时代留给这位劳模的时间不多了，这倒不是说广重自己的时间不够了，而是江户时代即将走向终结。

　　在广重创作《东海道五十三次》前后的这段时间里，日本有几个"人才"出生了。

　　1828 年，西乡隆盛出生；

　　1830 年，吉田松阴出生；

　　1833 年，木户孝允出生；

　　1836 年，坂本龙马出生；

　　1839 年，高杉晋作出生。

　　这几个人和浮世绘没什么必然的联系，但是他们和江户幕府的"孽缘"可是不浅，为什么这么说呢？因为这几个人直接推动了倒幕运动的开展。

　　随着一个个江户幕府"掘墓人"的闪亮登场，以及 19 世纪 30 年代的天灾人祸，江户幕府"脖子以下"基本上都入土了。江户时代已经进入倒计时，而与江户时代几乎绑定在一起的浮世绘艺术，也将迎来最后时分。广重必须加快他的浮世绘创作速度，跑赢时间，跑赢这些"江户掘墓人"，只有这样，才能让更多伟大的浮世绘作品流传于世，才能为后世留下尽可能多的江户幻梦。

当然，对于没机会学日本近代史的广重来说，他是不知道江户时代马上就要终结这件事的。不过，广重也不需要别人为他操心，因为他本身就是一个不折不扣的工作狂。

三十多岁的广重此时正值壮年，且刚刚步入自己人生的巅峰期，创作热情十分高涨，而且广重也遭遇了和北斋一样的困境，那就是"没钱"。北斋没钱是因为和钱没缘分，以及有个"好孙子"，广重没钱则是因为没赶上好时候。当然，与北斋不同的是，广重是间歇性没钱，他需要不断保持高强度地作画来维持生计。

步入创作高峰期

随着《东海道五十三次》的"爆火"，歌川广重步入创作的高峰期，他虽然在作品数量上要少于北斋，但是他的创作生涯可比北斋短不少。因此，要论创作效率的话，还得首推广重。

✳ 经典再现——《近江八景》系列

我们之前说过，在浮世绘圈，有许多模仿中国《潇湘八景》而作的"八景系列"，广重自然也不会错过这一经典题材。1834 年，广重将目光落在了风景优美的近江国地区，绘制了《近江八景》系列。

《近江八景》系列是比较特殊的存在，虽然在用色上非常单调朴素，但是广重却用细腻的笔触与独特的画面呈现方式，使这一系列作品成为浮世绘中的经典。

‖ 歌川广重　近江八景·唐崎夜雨　1834 ‖

《唐崎夜雨》这幅画第一眼看过去就带有一种"艺术珍品"的气质，广重用一种全新的画面表现方式——"密集的垂直线条与昏暗的色调"将这幅画的主题"夜雨"完美地诠释了出来。与北斋那种"将形象与抽象相结合"的绘画方式不同，广重是在用一种抒情、写意的方式，将具体的形象诗意化，无论是灵松的树冠还是远景处的波纹，均有着细腻的形象刻画。

　　唐崎的夜晚，万籁俱寂，仿佛世间的一切都隐没在这场夜雨的声音之中。

广重的《近江八景》有多经典呢？今天的日本滋贺县（古近江国）还在用它招揽游客。广重的这一系列作品不光造福了浮世绘艺术，还造福了滋贺县的经济增长。

‖ 歌川广重
近江八景·粟津晴岚　1834 ‖

‖ 歌川广重　近江八景·比良暮雪　1834 ‖

‖ 歌川广重　近江八景·坚田落雁　1834 ‖

《近江八景》系列也是类似于狂歌绘本的艺术作品，是一种诗与画相结合的浮世绘作品，这一系列作品的风格颇有北斋作画的风格，这是因为广重充分吸收了风景画前辈们的画面表现长处，但从细腻的线条勾勒风格上来看，这一系列作品仍带有明显的"广重风"。

《坚田落雁》是一幅美到极致的作品。这幅画的远景有着水墨画的韵味，中景则再一次通过色彩变化体现层次，加强纵深，近景处的帆船则像是素描写生。橘红色的晚霞搭配暗蓝的水面，光影与水雾弥漫其间，西方的透视法与东方的水墨画风完美融合，使得这幅画形象生动且意蕴悠长，似乎能够穿越时空，赢得各个时代人们的喜爱。这，就是广重的魅力。

✳ 广重笔下的各种"名所"们

名所绘，也就是名胜风景画，在江户时代末期异军突起，成为浮世绘的主流。这与幕末时期旅游热的兴起有着很大的关系。幕府为了加强统治，不断加强对于全国道路的修缮，而这却无心插柳地使得旅游业迎来了发展机遇。

虽然在江户时期，幕府对于人们的长途旅行有着严格的限制，并不是每个人都能像广重一样有"大树"给撑腰，全国乱窜。但是，上有政策下有对策，老百姓们经常能够借着"朝圣""送货"等名义开展旅行。而许多机敏的商户也涉足"旅游"这片蓝海，为人们提供相应的服务。当然，就算出不了远门，人们也可以在居住的城市附近旅游，毕竟那时人们出行主要靠脚，出门走十里地就算是出远门了。

再不济，还可以靠看风景画"云旅游"。毕竟，吉原都能"云逛"，更别说山山水水了。

名所绘取代美人绘与役者绘还有一个原因，那就是在幕末时期，老百姓们的生活水平实现了稳定下滑，奢靡浮华的美人绘离人们的生活越来越远，人们也没什么闲钱去观看歌舞伎演员的表演了。而随着旅游业的兴起，广阔天地间的风景更能带给人以真实的愉悦与感动，也能使出不了远门的人好好给自己的眼睛"解解馋"。

而这种大时代背景与以画风景画见长的广重简直是双向奔赴，在 19 世纪 30 年代，广重创作出了一大批广受好评的名所绘，《京都名所之内》系列则是其中的典型代表。

‖ 歌川广重
京都名所之内·岚山满花
1830—1834 ‖

　　这两幅画的创作对象分别是日本人最为偏爱的两种景观："樱"与"枫"。在这两幅画中，广重都在不同程度上"扭曲"了画中的景物，比如倾斜角度并不自然的树木以及与河流构图方向并不一致的波纹，这种艺术处理方法赋予了画面一种特殊的"动感"，仿佛整幅画都流动在一种诗意当中。

‖ 歌川广重
京都名所之内·通天桥红枫
1830—1834 ‖

　　若说日本的美景，怎能绕得开京都呢？广重的东海道之旅让他获得了去关西地区旅游的机会，得以饱览京都的各处"名所"。于是，在《东海道五十三次》后，广重又趁热打铁，发布了《京都名所之内》系列作品。

‖ 歌川广重 京都名所之内·清水 1830—1834 ‖

　　上面这幅画画的是京都清水寺赏樱图。清水寺是京都三大名胜之一，也是被列入世界文化遗产名录的胜地。清水寺最出名的景点莫过于悬造而成的"清水舞台"，站在清水舞台上赏樱，仿佛置身于樱花之海中，如临梦境。广重选择从远处描绘清水舞台，给人一种"舞台上的人在看樱花，而我们在看舞台"的浪漫之感。

‖ 歌川广重 京都名所之内·金阁寺 1830—1834 ‖

　　金阁寺是京都著名的景点，由《聪明的一休》里面的将军足利义满创建，金阁寺之所以有名，是因为它真是"金的"。金阁寺本名鹿苑寺，由于寺中的舍利殿全部由金箔包裹，煞是好看，因此得名"金阁寺"。不过可惜的是，在 1950 年的时候，这座金阁被一个冲动的小僧给烧了，现在的金阁是 1955 年重建的。不知道在重建的时候，人们有没有参考广重的这幅《京都名所之内·金阁寺》。

这回，福气落到了金泽头上——《金泽八景》

日本浮世绘中的"八景"系列非常多，而其中最为出彩的，当数广重笔下的"八景"。广重的"八景"有个特点，那就是造福后世，他每画一处八景，就能带火当地的旅游业，甚至一直火到二百年后的今天。这次，福气落到了金泽头上。

1836 年，广重趁热打铁，又发表了重要的系列风景版画——《金泽八景》。这次，他依然沿用了传统的创作题材"八景"，描绘对象则选择了镰仓附近的金泽地区，也就是今天日本横滨市的金泽区。这一系列作品同样搭配着和歌，充满诗情画意。

‖ 歌川广重　金泽八景·小泉夜雨　1836 ‖

又是熟悉的雨，广重笔下的雨千姿百态，形神兼备。《小泉夜雨》中雨中的行者头戴斗笠，身披蓑衣，回头凝望朦胧的天地，这是属于线条的盛宴，是属于江户的物哀。

‖ 歌川广重　金泽八景·称名晚钟　1836 ‖

在金泽山下，有一座寺庙，名叫称名寺。每逢傍晚，寺内悠扬动人的钟声就会回荡在群山和村镇之间。在上图中广重用经典的分色手法绘出群山的深远和层林的茂密，而称名寺则几乎隐没在山林之中。广重以景画声，山高林密，更显钟声悠远，称名寺傍晚的钟声，似乎就萦绕在我们的耳边。

‖ 歌川广重　金泽八景·乙舳归帆　1836 ‖

‖ 歌川广重　金泽八景·洲崎晴岚　1836 ‖

雁阵、松林、屋舍、归帆，在"金泽八景"中，广重并没有选择用惊艳的笔法勾勒出金泽地区那或壮美、或瑰丽的奇景，而是将人们最朴实无华的生活与"八景"相结合，用最平凡的笔触，描摹出属于金泽的人间烟火，勾画出属于平凡生命的岁月长诗。

‖ 歌川广重　金泽八景·平潟落雁　1836 ‖　　　　‖ 歌川广重　金泽八景·野岛夕照　1836 ‖

‖ 歌川广重　金泽八景·濑户秋月
1836 ‖

　　广重笔下的月亮，依旧是那样的动人。上图中那明澈的月光洒满水面，"背对"明月的大山与古松，则显露出柔和静美的轮廓。而那月夜下的万家灯火，属于海面上的点点归帆，也属于看这幅画的你和我。

‖ 歌川广重　金泽八景·内川暮雪
1836 ‖

"雪"是广重笔下的常客，也是最容易诞生名画的主题之一，上面这幅《内川暮雪》虽不能称之为广重雪景画的巅峰之作，但画面呈现依然精彩。其中最亮眼的部分当属银装素裹的天地之中那一片湛蓝的水面，就像一颗纯净无瑕的蓝宝石。

✳ 属于广重的乡愁——《江户近郊八景》

‖ 歌川广重　江户近郊八景·吾嬬杜夜雨　1837—1838 ‖

‖ 歌川广重　江户近郊八景·羽根田落雁　1837—1838 ‖　　‖ 歌川广重　江户近郊八景·行德归帆　1837—1838 ‖

都说广重笔下有着浓浓的"乡愁"，可广重是江户人啊！广重光忙着给别的地方"做宣传"了，差点儿把自己家给忘了。于是，在1837到1838年间，继出道时期的《东都名所》系列之后，广重终于将"八景"这一黄金主题搬到了自己的家乡江户，画出了属于自己的"乡愁"。

‖ 歌川广重 江户近郊八景·玉川秋月 1837—1838 ‖

‖ 歌川广重 江户近郊八景·芝浦晴岚 1837—1838 ‖

‖ 歌川广重 江户近郊八景·小金井桥夕照 1837—1838 ‖

‖ 歌川广重 江户近郊八景·池上晚钟 1837—1838 ‖

　　相比于广重的其他作品，《江户近郊八景》的画面相对较暗，并没有惊艳的色彩搭配，却多了一分古朴的雅致，将我们一下拉回到了那个熟悉又陌生的江户幻梦之中。

　　广重虽然创作了非常多的经典"八景"作品，但他厉害就厉害在——他在风格上能做到不重复！就拿广重画得最多的"雨"来举例：大矶的雨，线条粗犷但不密，雨滴很大，下得很快；庄野的雨来势凶猛，是一种伴随着山呼林啸的疾风骤雨；土山的春雨细如丝，绵绵而下；唐崎夜雨则是在无风的夜晚，淹没一切声音的滂沱大雨。而《吾嬬杜夜雨》中的雨，又是别有一番韵味，雨丝细如牛毛且着色很淡，雨密却不急，像是连绵不绝的秋雨，冲淡了世间万物的色彩。

‖ 歌川广重 江户近郊八景·飞鸟山暮雪 1837—1838 ‖

　　《飞鸟山暮雪》是一幅非常经典的雪景，经典到征服了梵高，并和梵高出现在了同一个画框之中。这幅画描绘了一场纷纷扬扬的鹅毛大雪，万籁俱寂，似乎能听见雪落的声音。人们"咯吱咯吱"地艰难行走在已经被雪掩埋的山间小路上，而路旁山坡上的老树绽放出的"雪花"，恰如《小金井桥夕照》中的如雪的樱花一般绚烂。

见此图标 微信扫码 / 入梦江户时代，看遍人间万象。

佳作如云
的
《木曽街道六十九次》

关于广重接的这个"盘"

广重接过来了一个烂摊子，同时，也接过了浮世绘的接力棒。

风景画的盛行让江户的出版商们仿佛发现了一棵遮天蔽日的"摇钱树"，特别是在《东海道五十三次》大获成功之后，出版商们更是找到了一套赚钱的"万能模板"，既然沿着"国道"画驿站能这么火，那就好说了。

"国道有的是！"把每个"国道"上的驿站都画一遍不就得了吗？

于是，江户的出版商把目光瞄向了比东海道驿站还多的"木曽街道"。

木曽街道是日本最重要的一条交通要道，它连接江户与京都，贯穿日本腹地，也被称作"中山道"。木曽街道的起点和终点与东海道相同，同样是江户日本桥和京都三条大桥，由于木曽街道穿越群山，因此道路更为崎岖漫长。相应地，这条街道上的驿站足足有六十九个之多，比东海道还多十余个。木曽街道在老百姓眼中是一条"国道"，可在江户出版商眼中，它是一个"提款机"。

木曽街道的风景与东海道迥然不同，沿途也有许多风景名胜和神话传说，存在巨大的开发潜力。出版商们一不做二不休，决定这次做一个大"项目"，干脆出两个系列：一个系列是描绘木曾街道沿途的景色，他们选择了当时人气同样很高的浮世绘画师溪斋英泉负责这一板块；另一个系列的主要内容是木曾街道沿途的传说故事，出版商们找到了鬼才歌川国芳。在分配好任务后，这一浩大的工程就开始了。

然后，事情就不出意外地出意外了。

歌川国芳不仅天赋强、技术好、人气高，而且脑洞还大，因此对于他来说，画以人物画为主的传说故事简直是信手拈来，甚至能进行大量的创新，他的作品一面世就受到了民众的广泛好评。但另一边的溪斋英泉却遇到了麻烦。溪斋英泉是美人绘大师，在风景画上稍逊一筹，他的风景绘有着很明显的北斋风格。但是，世界上唯一能把握得住北斋风格的画家只有葛饰北斋本人。出版商将溪斋英泉绘制的 24 幅风景绘拿到市场上进行试验，得到的结果不尽如人意。为了保证木曾街道系列这棵"摇钱树"不倒，出版商们及时止损，暂停了与溪斋英泉的合作，并开始寻找替代者。

这个替代者自然就是广重了。不得不说，高手就是高手，关键是广重还是一个"专业对口"的高手。"口碑滑坡"的木曾街道系列对于别人来说可能是块烫手的山芋，但对于广重来说，却是他登上浮世绘风景画巅峰的重要台阶。在广重的画笔下，历经六年的时间，《木曾街道六十九次》终于问世，广重化腐朽为神奇，使之从"烂尾楼"一跃成为浮世绘风景画史上的经典。

化腐朽为神奇的《木曾街道六十九次》

相比于《东海道五十三次》，广重的《木曾街道六十九次》又呈现出别样的风情，在这一系列作品中，广重运用了更贴近传统日本浮世绘的笔触，简化了线条，并选择了整体偏暗的色调，这使得《木曾街道六十九次》多了一分属于江户时代的"古香古色"。

‖ 歌川广重　木曾街道六十九次·盐名田　1837—1843 ‖

‖ 歌川广重　木曾街道六十九次·八幡　1837—1843 ‖

由于广重是半路接手这个项目的，他的名字第一次出现在作品上是在木曾街道的第二十三站——《盐名田》。从上面这两幅画可以明显看出，广重在尝试一种全新的绘画风格。相比于广重之前的作品，《木曾街道六十九次》的线条勾勒非常简练，色彩运用简单直接且分明，突出一个"简"字，整体画面给人一种十分清新复古的感觉。

　　广重那标志性的"有前景遮挡的满月"又来了，上面这幅画的构图令人非常舒适，左边是一条上坡的山路，配合上西方透视技巧，增加了画面的立体感和真实感；右边则是一座雪白的高山，实现了构图的平衡，呈现了木曾街道位于群山之中的特征；位于画面中间的，则是主角"古松"与"满月"，行道松苍劲挺拔，与暗蓝天幕中的明月搭配在一起，一股东方美油然而生。

　　当然，这幅画很可能也是广重通过艺术想象创作而成的，可能因为此地名为"望月宿"，所以广重才迎合宿场名称画出了这抹月色。

《芦田》这幅画最吸引人的地方莫过于广重那极为大胆的构图了，芦田宿附近的山路崎岖陡峭。不过，如果这山路会说话，看到广重给它画的"肖像"后，也不得不说一句："您过奖啦。"广重这幅画的构图甚至可以用"夸张"形容，他就像是把风景给"左右挤扁"了一样，通过小角度的弧线构图突出山路之"陡"，而在远景处，则是色差巨大、棱角分明的群山。无论远近，山体均直接用单色处理，这种抽象的表现手法是广重的一次大胆且成功的尝试。

　　《木曾街道六十九次》系列佳作如云，而其中有三幅画尤被后世艺术家所青睐，它们被称为"中山道三大杰作"，下面要介绍的这幅画，就是这"三大杰作"之一的《长久保》。

‖ 歌川广重　木曾街道六十九次·长久保　1837—1843 ‖

　　《长久保》的构图十分精妙，似真似幻，和谐且具有层次感。在近景处，广重用形象生动的笔触描绘了一个十分热闹的生活场景，有牵马的旅人、玩闹的孩童和骑狗的少年。远景的绘画风格则与近景大相径庭，整体采用了广重所惯用的"剪影"方式呈现出一幅大桥行旅的画面。而一轮满月搭配上位于中景处的古松，则将这两种绘画风格完美衔接在一起。

　　明澈的月光照亮了近处，洒满了河川，同时，使月下背光之人成了剪影，渲染出淡淡的寂寞与哀愁。这幅画的远景与近景乍一看像两幅作品一般，但"明月"与"古松"却将远景与近景黏得天衣无缝，在让我们相信这似真似幻之景真实存在的同时，让我们不禁感慨自己那一半诗意、一半现实的平凡人生。

‖ 歌川广重木曾街道六十九次·和田 1837—1843 ‖

　　在这幅《和田》雪景图中，广重采用对称构图与垂直构图相结合的方式，用整齐的画面凸显出这段山路的险峻。

‖ 歌川广重　木曾街道六十九次·下诹访　1837—1843 ‖

190

如果翻越和田的山太过劳累，也无须烦忧，因为和田宿的下一站正是日本著名的温泉胜地——下诹访宿。疲惫的旅人可以在这里享受温泉与美食，好好地歇上一歇。

从这里就能看出来，广重的《木曾街道六十九次》不仅是一本浮世绘珍品，还是一本具有很强实用性的"旅游指南"。

之所以说《庄野·白雨》是广重一生中最为杰出的作品"之一"，就是因为有这幅《洗马》的存在。

‖ 歌川广重　木曾街道六十九次·洗马　1837—1843 ‖

把『大浪』拍在沙滩上的『后浪』·歌川广重

如果说北斋的画笔能够将瞬间定格为永恒，那么广重的画笔则能够让时间为之驻足。

广重通过极为细腻的笔法与高超的色彩运用，将"薄雾"这一概念完美地呈现了出来，月光皎洁却不明澈，透过如纱般的薄雾，均匀地铺满这画中天地，纤细的柳条与芦苇随微风飘荡，让人心旷神怡。以蓝、绿为主的冷色调渲染出一个平和、宁静的月夜，而天际的一抹彩云，则在丰富画面色彩层次的同时，给予这寂寥天地一份温暖与曼妙。

走进画中，赏画之人仿佛成了碧波之上的船夫，驾一叶扁舟，摇起生活的桨橹，寄身于大千世界之中，泛舟在时光河流之上。在这亘古不变的天地之间，耳得原野清风而为声，目遇皎皎婵娟而成色，知足却不驻足，方能抱明月而长终。

‖ 真实的画名：歌川广重　木曾街道六十九次·本山　1837—1843 ‖
‖ 虚假的画名：歌川广重　木曾街道六十九次·伐木累　1837—1843 ‖

　　广重的魅力就在于此，上一秒还让你沉浸在月色之中感悟生命，下一秒就会让你大跌眼镜。这幅画不沉静，不平和，不优美，不复杂，但很亮眼。广重大胆采用了三角构图，描绘了一幅"伐木累"的场景，十分生动有趣，吸人眼球。

　　但这幅画有一点令人不解：难道行道树是可以随便砍的吗？

　　下面来看一幅"与众不同"的作品：

‖ 歌川广重
木曾街道六十九次·宫越
1837—1843 ‖

这幅画可以说是《木曾街道》系列中最特殊的一幅画，因为它的画风实在是与众不同。其实在第一眼看这幅画时，人们可能很难发现这幅画究竟"美"在哪里，甚至可能还会感觉有点儿丑。

这是一个朦胧的月夜，位于画面近景的，是正在过桥的一家人，幼小的孩子在父母的背上和怀中睡去，走在后面、年龄稍大的女孩则像是被什么东西给吸引住了，并用手指给大人们看，广重用清晰的笔触，勾勒出了一个温馨的场景。而中景和远景可就厉害了，广重直接用不同颜色画了个大概轮廓，结束了！这自然不是广重偷懒，因为只有当我们细细品味这幅画时，才能发现它那无与伦比的美。

河面腾起大雾，柔和了世间万物的轮廓，也使皎洁的月光变得温润，在形象呈现上，这幅画用相对抽象的画法还原了雾中月色的特征。在意境表达上，广重通过简单的色彩与线条变化，便渲染出了一种柔美幽寂、似真似幻的物哀之情。

广重在这幅画中大胆地尝试了全新的画面诠释方式，颇有印象主义的影子，而这幅画创作的时间，可比西方印象主义的诞生早二十来年呢！后世的许多艺术家对这幅画不吝赞美，而它自然当之无愧地成为"中山道三大杰作"之一。

相比于《东海道五十三次》，《木曾街道六十九次》具有更多的人文风貌与生活气息，更加"接地气"，因此受到老百姓的广泛青睐。毕竟，你可以说老江户们的艺术审美水平有限，但不能看不起他们那颗"爱玩的心"。

‖ 歌川广重 木曾街道六十九次·福岛 1837—1843 ‖

‖ 歌川广重 木曾街道六十九次·上松 1837—1843 ‖

见此图标 微信扫码 / 入梦江户时代，看遍人间万象。

‖ 歌川广重　木曾街道六十九次·三渡野　1837—1843 ‖　　‖ 歌川广重　木曾街道六十九次·落合　1837—1843 ‖

‖ 歌川广重　木曾街道六十九次·伏见　1837—1843 ‖　　‖ 歌川广重　木曾街道六十九次·美江寺　1837—1843 ‖

‖ 歌川广重　木曾街道六十九次·垂井　1837—1843 ‖　　‖ 歌川广重　木曾街道六十九次·柏原　1837—1843 ‖

∥ 歌川广重　木曽街道六十九次・大井
1837—1843 ∥

看，《大井》的雪景是不是又能带给你不一样的感觉？作为画雪的高手，广重笔下的雪"千姿百态，各有韵味"。对于大井雪天的刻画，广重用了均匀密布的白点，巧妙地表现了这场雪的"大"与"静"。整幅画作，广重都没有使用复杂的线条，在营造了一种印象美的同时，也非常符合"大雪"将万物覆盖的特点。

"大津宿"这个名字怎么这么耳熟呢？

没错，作为东海道上的最后一个宿场，它同样是木曽街道的最后一个宿场。这次，广重换了一个视角来重新诠释这里繁华的景象，《天津》这幅画作所呈现出的风光与之前那幅《大津·走井茶店》大相径庭。

作为木曽街道的最后一个驿站，这里的大街两侧店铺林立，一望无边，街道上的行人与马车络绎不绝，街道的尽头是湛蓝的琵琶湖，湖面上的白帆与街道两旁的商铺共同形成了对称的构图。热闹不仅属于地上和水上，还属于天上，两行雁阵从空中飞过，点缀了画面的空白。

广重用了非常严整的构图来描绘这木曽街道的压轴一站。其中，对于西方画透视技巧的运用尤为精彩，整幅画面纵深感极强，以街道走向为中心的对称构图还起到了非常好的视线引导作用，让观者的目光最终聚焦在画面中心那最动人的一抹湖蓝之上。

∥ 歌川广重　木曽街道六十九次・大津
1837—1843 ∥

把『大浪』拍在沙滩上的『后浪』·歌川广重

江户
的
风花雪月

永不停歇地探索

　　1853 年 7 月，四艘黑色的大船出现在了离江户不远的海面上，这是江户人从来没见过的景象，恐惧、惊奇、迷茫等的情绪从江户蔓延到了全日本，这次事件被称为"黑船来航"。

　　"黑船"的主人是美国的东印度舰队司令马休·佩里，转过年来，他又率领 7 艘"黑船"直接闯入江户湾。随着汽笛轰鸣，江户幕府的丧钟也随之敲响。

　　大师都有一个特点，那就是从不满足于自己所取得的成就，歌麿如此，北斋如此，广重同样如此。《东海道五十三次》的巨大成功并没有让广重自满不前，他没有选择一味复制《庄野·白雨》或《蒲原·夜之雪》的成功，而是不断尝试全新的画面诠释方式，这才创作出以《金泽八景》和《木曾街道六十九次》为代表的，一个个风格多样的经典浮世绘系列作品。

　　在成功"接盘"《木曾街道六十九次》并交出了一份完美的答卷后，广重又开始了对于全新的绘图样式和作品体裁的尝试。在 19 世纪四五十年代，广重的创作类型非常丰富，创作题材也很是广泛，既画风景画，还捡起了自己的老手艺，画了许多人物画和花鸟画。

196

‖ 歌川广重　上总国狩野山美景　1848—1854 ‖

与北斋一样，广重广泛学习包括中国水墨画在内的多种绘画技巧，融会贯通并加入自己的理解与感悟，创作出一幅幅别有韵味的经典名作。

歌川广重的"妙笔生花"

‖ 歌川广重　风流四季之生花　1843—1847 ‖

‖ 歌川广重　芙蓉　1845 ‖

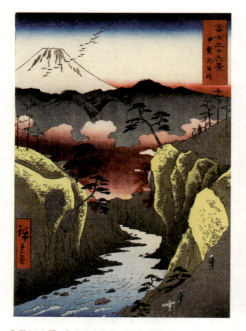

‖ 歌川广重 富士三十六景·甲斐犬目峠 1852—1858 ‖　‖ 歌川广重 富士三十六景·骏河萨夕之海上 1858 ‖

同北斋一样，广重也画富士山，也画浪，但与北斋笔下的富士山相比，广重的画风则更加偏向于"写实"，他刻意缩小了"人"这一概念在画中的比重，为的是凸显最纯粹的自然景观。

‖ 歌川广重 平清盛眼中的超自然现象 约1840年 ‖

上面这幅画非常有意思，它是一幅"张交绘"。所谓"张交绘"，指的就是作品由许多区块拼接而成，各个区块有着自身独立的主题与元素，而合在一起，又能构成一个整体。

这幅画画的是日本武家涉政的元祖——平清盛。传说由于他生平残忍暴虐，在晚年的时候常常会遭遇冤魂索命，其实大概率是心虚。所以，一切再正常不过的自然现象在他眼中都会变得十分危险可怖，画中的平清盛紧握宝刀，时刻准备同虚无的敌人来一场殊死搏斗。

　　当然，广重的"老本行"——风景画仍然是他的"主攻方向"。19世纪50年代期间，他用全新的方式创作了一系列。其中，最具代表性的就是《六十余州名所图会》和《雪月花》系列

‖ 歌川广重　雪月花·木曾路之山川　1857 ‖

‖ 歌川广重　雪月花·武阳金泽八胜夜景　1857 ‖

　　《雪月花》系列是美到极致的三联版画，这一系列作品画幅巨大，笔法细腻，视觉冲击力强。第一幅《木曾路之山川》描绘了木曾路上的山川雪景，写意的山与写实的河流组合在一起，曼妙唯美，而在苍茫天地衬托之下，河川的着色更是讲究，使得河水之清冽让

人在画外都能感受得到。《武阳金泽八胜夜景》则更是一场视觉的盛宴，广重用蓝、白、黑三色的不断交错搭配，绘就了一幅恬静怡人、意境深远的月夜山水图。

不过，所谓雪月花，雪和月都有了，那花呢？

广重笔下的"花"，是不是和你想象的不太一样？广重用日本著名的景观——鸣门海峡的旋涡来指代"花"，既出人意料又形象巧妙，在"扣题"的同时蕴含艺术的浪漫。

在这一时期，广重风景绘的另一重要尝试就是《六十余州名所图会》系列了。在这一系列中，他选择了更具东方特色的"条幅"形画纸，将日本各地著名风景绘制其上，用色也更加丰富明艳，有条件的江户人完全可以按照这一系列作品制定全国旅游攻略。

《六十余州名所图会》是一个非常宏大的企划，囊括了日本 68 个令制国和江户共计 69 处的风景名胜，堪称"全日本的旅游打卡指南"。

这幅画所描绘的就是当时江户城的"欢乐之地"——浅草的热闹景象。

‖ 歌川广重
六十余州名所图会·播磨舞子之滨 1853—1856 ‖

‖ 歌川广重
六十余州名所图会·山城岚山渡月桥 1853—1856 ‖

‖ 歌川广重
六十余州名所图会·甲斐猿桥 1853—1856 ‖

‖ 歌川广重
六十余州名所图会·河内枚方男山 1853—1856 ‖

‖ 歌川广重
六十余州名所图会·尾张津岛天王祭 1853—1856‖

‖ 歌川广重
六十余州名所图会·阿波鸣门风波 1853—1856‖

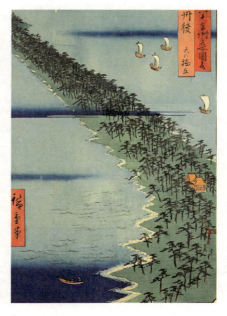

‖ 歌川广重
六十余州名所图会·丰前罗汉寺下道 1853—1856‖

‖ 歌川广重
六十余州名所图会·丹后天桥立 1853—1856‖

如果用一个词来形容《六十余州名所图会》系列的话，那就是"大开大合"。由于广重使用了全新的纵向条幅画纸，他得以尽情地加大画面的纵深，大胆采用纵向构图，在有限的画纸上绘出了更广阔壮美的山河，也使得画面内容配得上这个系列的名字。同时，细腻的笔触与丰富惊艳的色彩使用也是该系列的亮点所在。

在该系列出版的当年，既是出于日本的传统，也可能是广重预感到了什么，他剃度出家了，选择用这种方式静待余生的流逝。当然，出家也不影响画画，广重的头秃了，但笔没秃。

《六十余州名所图会》的成功让广重决心将这种绘画形式贯彻进自己下一系列作品之中，而这一系列作品，也将伴随广重走完生命的旅程，它就是《名所江户百景》。

最后的浪漫与乡愁《名所江户百景》

《名所江户百景》是广重的重要代表作，同时也是被梵高临摹最多的一个系列，在这一系列中，广重依旧选用了"条幅"形画纸的呈现方式，在艺术手法上也坚持进行着创新。

《名所江户百景》系列作品按季节分为春、夏、秋、冬四部，共计一百余幅，描绘了江户的四季风光。这些作品虽是名所绘，却意蕴悠长，在广重笔下，仿佛江户的一切都饱含着深情。

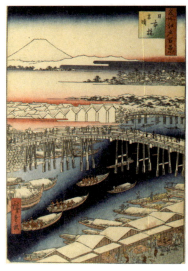

‖ 歌川广重 名所江户百景·日本桥雪晴
1856—1858 ‖

‖ 歌川广重 名所江户百景·霞关
1856—1858 ‖

《日本桥雪晴》是这一系列的首幅作品，作为日本大多数"国道"的起点，日本桥的象征意义非比寻常，是包括广重在内的许多画家笔下的常客。广重画了许多幅"雪晴"，这回终于轮到日本桥了。在这幅画中，广重选用了鸟瞰的视角，从远处的富士山和江户幕府城堡，到江户大桥，再到近处一排排的屋舍与商铺，全都尽收眼底。这幅画整体运用了非常简单明快的配色，用红色的氤氲云烟来点缀出"雪晴"这一概念，美妙非常。

　　《霞关》最动人的地方就是美轮美奂的色彩搭配了，街道被有意拓宽，以增强水平色彩渲染所带来的美感。这么美的风景，街道两边的住户可享福了。不过，这福气可不是一般人能有的，江户幕府为了防止大名们叛乱而将他们安置在江户，路两边的"海景房"大多是他们的宅邸。

‖ 歌川广重
名所江户百景·越后屋　1856—1858 ‖

‖ 歌川广重
名所江户百景·千驮木团子坂花屋敷　1856—1858 ‖

　　这两幅画对于"云"的运用出神入化。

　　其中，《越后屋》是典型的"广重式风景画"，在形意结合的同时很好地运用了西方画透视技巧，让画面的表现兼具东西方绘画之美。在这幅画中，广重的视角选取能够让我们俯瞰整条街景，同时，两侧整齐的商铺与逐渐远去变窄的街道则能让我们的目光很容易聚焦于"五彩祥云"之中的富士山。这幅画对于街景的描绘非常细腻、写实，但近乎完美的对称式构图、色彩曼妙且轮廓抽象的祥云，以及简洁大气的富士山，无不为这幅画增添了几分梦幻之美，让人不禁发问："这样的景象难道是真实存在的吗？"

　　《千驮木团子坂花屋敷》则是一幅描绘园林赏樱场面的作品，但在鸟瞰视角下，赏樱之人成了画面的点缀，远景处是园林高处精美的建筑与繁茂的树林；近景处，弥漫的云雾与烂漫的樱花融为一体，似仙境一般让人驻足难前。而这幅画最精妙的地方，就是广重用一团云雾将近景与远景一分为二，仿佛隔开了两个世界，阁楼上的人们辗转于缥缈之间，而樱树下的人们，则"不知天上宫阙，今夕是何年"。

下面，来看两件"赝品"

‖ 歌川广重
名所江户百景·目黑新富士　1856—1858 ‖

‖ 歌川广重
名所江户百景·目黑原始富士　1856—1858 ‖

　　"赝品"说的不是这两幅画，而是画中的"人造富士山"。富士山虽然好看，但是作为日本最高峰，多少有点儿"不好爬"。江户人也挺有意思，真的爬不上去，我造个假的爬不就得了。于是，他们造了许多座"迷你富士山"，这两幅画中的迷你富士山就是其中的两座。人们登高望远，可以看见远隔山海"真富士"，别有一番趣味。

　　广重善于用动人的笔触将季节、天气等抽象事物呈现在画纸之上，在广重的画中，我们不仅能看到四季的"样子"，更能感受到四季的"味道"。

‖ 歌川广重
名所江户百景·广尾古川
1856—1858 ‖

‖ 歌川广重
名所江户百景·真间之红叶，手古那之社继桥
1856—1858 ‖

‖ 歌川广重
名所江户百景·龟户梅屋铺
1856—1858 ‖

《广尾古川》这幅充满田园风情的画作，处处都充满着盎然的春意。春天将树梢染成了绿色，将原野染成了绿色，甚至将桥上的行人的衣服也染成了绿色，春天鲜嫩的颜色仿佛能浸透画纸，染到我们的手上。一条蜿蜒的小河静静地流进这画中世界，流进这属于江户的春天。

《真间之红叶，手古那之社继桥》则属于"秋"系列，广重对于秋叶形态与色彩的把握十分精准，仿佛我们靠近就能嗅到秋的气息。在这幅经典的秋景图中，广重巧妙地运用树杈作为画框，用位于近景的枫叶浅浅遮挡。中远景的屋舍、田野与远山，在突出主题的同时，绘出了辽远广阔的天地。这种精美绝伦的构图方式在名所江户百景系列中出现了许多次，其中就包括这一系列作品中最负盛名的《龟户梅屋铺》。

一眼看过去，《龟户梅屋铺》简直浑身散发着名作的"气质"。雪白的梅花，淡黄的花蕊，乌黑的树干，红色的天空，广重用分明却不艳丽的配色绘制出一幅惊艳的梅园图。再看远处的天空，上方是明艳红色，在其映衬下，梅花再也不"逊雪三分白"，而下层的天空则是白色，仿佛被远景处的梅林照亮一般。

眼前的这株梅树也不简单，它是日本的一株"明星树"，名叫"卧龙梅"。广重不仅将其安排在近景处，并刻意放大其形象，大到画纸只能装下它的树杈，还通过色彩的变化使它更形象更立体。在广重笔下，"卧龙梅"的枝干就像是一个个"画框"一般，将远景分隔开来，广重还刻意地推移远景，使之呈现出一种别样的纵深感。这种独特且动人的构图方式非常迷人，也使得这幅画在世界范围内享有盛誉。

这种构图方式还有一个非常神奇的效果，就是将花鸟绘与风景绘很好地结合在了一起，直接横跨了两大浮世绘领域，给观者带来了丰富的审美享受。

‖ 歌川广重
名所江户百景·隅田川水神之森真崎
1856—1858 ‖

‖ 歌川广重
名所江户百景·堀切之花菖蒲
1856—1858 ‖

‖ 歌川广重 名所江户百景·请地秋叶之境内
1856—1858 ‖ ‖ 歌川广重 名所江户百景·千住之大桥
1856—1858 ‖

  鸟瞰图由于绘制的范围很广，很容易造成画面中景的单调空洞。广重也很好地解决了这个问题，他以弯曲的河流与路径为轴，在弯折处填充景物，使得中景自然、饱满，且体现出一种"立体的东方山水画"之美，也就是有透视效果，但无固定的视觉中心。

  在《名所江户百景》中，也不乏意趣盎然的构图和"联动"。

‖ 歌川广重 名所江户百景·上野清水堂不忍池
1856—1858 ‖ ‖ 歌川广重 名所江户百景·上野山内月之松
1856‖

这棵"骨骼惊奇"的松树在《名所江户百景》中登场了两次，非常有面子。不过，实际上这棵松树要比画中小得多。

陶醉在江户这如画风景之中的，不光有我们，还有一些颇有艺术修养的"动物朋友们"，广重笔下的动物仿佛拥有灵性一般，引领着我们的视线，走进江户的四季风光。

江户的冬天，万径人踪灭，但千山鸟没飞绝。在这幅画中，广重在整体上依旧采用了放大近景、拓展远景纵深的构图方式，让一只回首的鸷鹰引领我们的视线俯瞰这肃杀天地，而它那张开的巨大双翼，仿佛要将这苍茫天地揽入怀中。

‖ 歌川广重　名所江户百景·深川州崎十万坪　1856—1858 ‖

画面左侧姿态夸张、垂直俯冲的仙鹤，与画面右侧树木共同构成了一个"画框"，装裱出一幅恬静祥和的田园风光图。

‖ 歌川广重　名所江户百景·蓑轮金杉三河岛　1856—1858 ‖

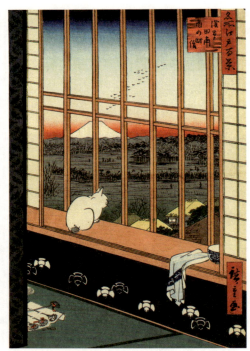

窗台上这只可爱的"大白"在看什么呢？我们的目光也不自觉地随它望向远处。

这幅画虽然叫《深川万年桥》，但画面中却只有个"万年龟"，桥呢？其实，仔细观察的话，老式水桶和桥的栏杆共同组成了这幅画的画框，原来这个水桶在桥边，水桶把手上吊着一只乌龟，它的头望向桥外的世界，似乎在眺望着优美的富士山，又似乎在思考着自己的"龟生"。

在《名所江户百景》系列之中，广重也没忘记自己的特长——画雨。

‖ 歌川广重 名所江户百景·大桥安宅骤雨 1856—1858 ‖

作为梵高的"临摹范本"，《大桥安宅骤雨》将"雨""人""景"完美地结合在了一起，无论是细长繁密的线条，还是大桥上着急避雨的行人，抑或是远处朦胧的河岸，无不体现着这场雨的"大"与"急"。广重对于中远景的模糊化处理和色彩运用，更是启迪了以梵高为代表的西方印象主义画家的创作。

《名所江户百景》是广重的绝笔之作，在创作完成这一系列的作品后，广重将画笔永远地留在了江户，自己则驾鹤西游了。最后的浮世绘大师，就这样平静地离开了这个充满深情的世界。

同样是浮世绘风景画的一代宗师，葛饰北斋和歌川广重在性格和风格上是截然相反的两种人：北斋热烈，能折腾；广重则平和沉稳。北斋一路颠沛流离，像极了《神奈川冲浪里》中和滔天巨浪勇敢搏斗的桨手；广重一生则平淡安稳，恰似《洗马》中泛舟碧波的船夫。

北斋的画笔惊破了潋滟时光；广重的画笔则温柔了人间岁月。

　　可当我们通过一幅幅浮世绘作品走进江户，走进画家的人生，窥探画家的灵魂时，就会发现，北斋与广重又是极其相似的。他们敏感、多情，他们都有一双善于发现美的眼睛，以及能够将"美"表现出来的技巧，最重要的是，他们都无比热爱着浮世绘艺术，热爱着这个平凡且美丽的世界。

　　在他们的笔下，浮世绘既是一门艺术，也是一种语言，吟唱着属于平凡的赞歌，诉说着江户时代的风花雪月与似水流年。

‖ 歌川广重　名所江户百景·外樱田辨庆堀糀町
1856—1858 ‖

　　上面这幅画是歌川广重《名所江户百景》中的一幅夏景图，画面左边的红色大门叫樱田门，这幅画所描绘的就是樱田门附近宁静祥和的夏日时光。但这份祥和在广重去世的两年后被永远地打破了。

　　随着国门洞开，日本国内的矛盾日益尖锐，各政治派别围绕国家的未来走向展开了明争暗斗，以推翻幕府统治为主要目标的倒幕运动也悄然展开了。当然，悄然和悄然也不一样，在江户这种倔强之人比比皆是的城市，有些人做事难免有些直接。

1860 年，幕府大佬井伊直弼手握大权，残酷镇压反对者，在制定国策时甚至都不和天皇商量。而井伊直弼自己也为此付出了惨重的代价，他在一天早晨路过画中的这座樱田门时，被刺杀了！

自家大佬被刺杀，幕府哪能咽得下这口气？幕府旋即展开了长久且激烈的报复，但最后却以败北收场。

1868 年，戊辰战争爆发，鸟羽、伏见之战，幕府军败走江户，倒幕大军进逼关东，同年 5 月，幕府交出江户城。在歌川广重去世的十年后，历时 265 年的江户时代，画上了句号。

浮世绘与江户时代近乎是一种绑定的关系，虽然后来还有许多浮世绘作品出现，但浮世绘的灵魂与气质，已经逐渐从这些日本绘画作品身上退去，伴随着江户时代的终结与百年维新的到来，浮世绘艺术也最终迎来了属于它的梦醒时分。

不过幸运的是，浮世绘的故事还没有结束，在这门艺术逐渐随时代的洪流而在本土消散的时候，却在地球的另一边迎来了强势逆袭，甚至推动了西方印象主义运动的产生和发展，而印象派的发展壮大，又反过来让更多的人知道浮世绘，了解浮世绘，爱上浮世绘。浮世绘的时代终结了，浮世绘的画师们消失了，浮世绘艺术也永远地留在了历史的记忆之中，但一幅幅浮世绘作品却跨越百年，留存至今，带给我们一场精美绝伦的视觉盛宴。

今天，当我们欣赏一幅幅浮世绘作品时，仿佛能通过那精致的线条与动人的光影，去到江户时代，泛舟在属于浮世绘艺术的百年灿烂光河之上，做一场江户幻梦。在这场梦中，以喜多川歌麿、葛饰北斋和歌川广重为代表的浮世绘画师们，用满腔的热爱与高超的技艺，绘就着属于江户时代的浮生百态，诉说着对于这个世界的纸短情长。

把「大浪」拍在沙滩上的「后浪」·歌川广重